오직 너 하나님의 사람아

디지털 세대를 위한 성경적 성교육 • 3
동성애 Q&A 편

오직 너 하나님의 사람아

지은이 | 김지연
초판 발행 | 2023. 7. 19.
등록번호 | 제1988-000080호
등록된 곳 | 서울특별시 용산구 서빙고로65길 38
발행처 | 사단법인 두란노서원
영업부 | 2078-3352   FAX | 080-749-3705
출판부 | 2078-3331

책 값은 뒤표지에 있습니다.
978-89-531-4518-4 04230
978-89-531-3744-8 04230(세트)

독자의 의견을 기다립니다.
tpress@duranno.com   http://www.duranno.com

두란노서원은 바울 사도가 3차 전도여행 때 에베소에서 성령 받은 제자들을 따로 세워 하나님의 말씀으로 양육하
던 장소입니다. 사도행전 19장 8-20절의 정신에 따라 첫째 목회자를 돕는 사역과 평신도를 훈련시키는 사역, 둘째
세계선교(TIM)와 문서선교(단행본잡지) 사역, 셋째 예수문화 및 경배와 찬양 사역, 그리고 가정·상담 사역 등을
감당하고 있습니다. 1980년 12월 22일에 창립된 두란노서원은 주님 오실 때까지 이 사역들을 계속할 것입니다.

디지털 세대를 위한 성경적 성교육 · 3

김지연 지음

오직 너 하나님의 사람아

동성애
Q&A 편

두란노

CONTENTS

　지금 우리 사회는 온통 '성(性)'과 관련된 문제로 몸살을 앓고 있습니다. 특히 우리나라의 미래이자 꿈인 자녀들이 어그러진 '성 개념'으로 점점 병들어 가고 있습니다.

　'성'은 하나님이 인간에게 허락하신 놀라운 선물이자 축복입니다. 하지만 사탄은 이 땅의 교회와 가정, 그리고 사회를 철저히 파괴하는 도구로 '성'을 사용하고 있습니다. 여기에 속수무책으로 모두가 무너지고 있습니다.

　어쩌면 평범한 가정주부요 엄마로 살았던 김지연 약사님을 전쟁의 한복판으로 뛰어들게 한 이유도 바로 이것일 것입니다. 이 시대에 김지연 약사님과 같은 분이 있다는 것이 얼마나 다행이고 감사한 일인지 모르겠습니다.

　현장에서 미처 나누지 못한 이야기를 이 책을 통해 충분히 그리고 아주 쉽게 설명해 주고 있습니다. 이 책이 널리 읽히고 알려져 무너져 가는 가정과 차세대를 일으키는 데 귀한 도구로 사용되기를 간절히 바랍니다. 이 책을 적극 추천해 드립니다.

곽승현 거룩한빛광성교회 담임목사

　김지연 대표는 천국의 보배입니다. 저자를 보배라고 하는 데는 그럴 만한 이유가 있습니다. 김지연 대표는 용기(勇氣)와 지혜(智慧)와 은혜(恩惠), 요약해서 '기지은(氣智恩)'의 지도자이기 때문입니다.

저자는 기(氣), 즉 용기가 있습니다. 속으로는 안타까워하고 뒤에서는 투덜거리면서도 정작 앞에서는 침묵하는 비겁한 대중 앞에서 저자는 불같이 뜨거운 용기를 냅니다.

김지연 대표는 지(智), 즉 지혜가 있습니다. 뜨거운 가슴(heart)의 열정과 얼음같이 차가운 머리(mind)의 지혜를 겸하지 못하는 대중 앞에서 그는 성경적 가치관에 관해 뜨거우면서도 냉철한 지혜를 발휘합니다.

또 은(恩), 즉 은혜가 있습니다. 삶이 힘겨워 몸부림치면서도 하나님의 은혜 앞에 나아가지 않는 대중 앞에서 그는 하나님께서 "불말과 불병거"로 호위해 주신 도단 성의 엘리사처럼 늘 주님의 은혜를 간구하는 사람입니다.

끝으로 영전(靈戰)의 거장(巨將)입니다. 하나님이 죄라고 하신 것을 인간이 죄가 아니라고 프레임을 바꾼 뒤 그것을 법제화하고 오히려 진리를 외치는 기독교인에게 '혐오 프레임'을 덮어씌워 입을 틀어막는 사람들에게 저자는 그들을 혐오하는 것이 아니라 사랑해서, 그들이 파멸의 굴레에서 벗어나 진정한 자유를 누리기를 바라며 전쟁을 치르고 있습니다.

천국의 보배요 영전의 거장인 김지연 대표의 이 책이 널리 알려져서 "백성이 지식이 없으므로"(호 4:6) 망하지 않도록 하고, "힘써 여호와를"(호 6:3) 알게 하여 예수 그리스도 안에서 복음의 승리와 자유를 누리게 되길 바랍니다.

권성수 대구동신교회 담임목사

하나님이 만드신 생명과 결혼 제도 같은 아름다운 질서를 인권, 다양성, 존중과 배려, 성적 자기 결정권, 휴머니즘과 관용주의 등 각종 현란한 프레임을 갖다 붙여 파괴하고 있습니다. 성경에서는 분명히 죄라고 명시된 것들도 이제는 더 이상 죄가 아니며 하나의 상대적 가치로 보자고 포용하고 있습니다.

저자는 은밀하고 교묘하게 기독교적 가치관을 무너뜨리는 거대한 세력과 치열한 전쟁을 치르고 있습니다. 사나 죽으나 주를 위해 사는 것을 영광으로 여기면서 말입니다. 이 책을 읽고 나면, 성경이라는 안경을 쓰고 세상 구석구석을 바라볼 수 있습니다. 비록 자녀 앞에 당당하거나 떳떳한 부모가 아닐지라도 모든 죄를 사해 주신 십자가 사랑에 의지하여 성경적 가이드라인을 가지고 아파하며 무너져 가는 차세대를 가르칠 수 있습니다. 성경 말씀에 순종하느라 고군분투하는 모든 크리스천 양육자와 차세대에게 바른 성경적 가치관을 심어 주고, 하나님과 함께 거룩한 성읍을 늘려 가고자 하는 모든 이에게 강력한 무기가 되어 줄 책입니다.

김동현 제자들교회 담임목사

한국가족보건협회가 주관한 '국제 생명주의 성가치관 교육을 위한 포럼'에 참석했다가 낙태를 고민하는 청소년의 고민을 들을 기회가 있었습니다. 이 문제는 단순하지 않습니다. 우리는 그에게 아이를 지우라고 할 수 없습니다. 그렇다고 그 청소년이 아이를 키울 수도 없습니다. 이런 상황에서는 국가가 문제 해결을 고민해야 하고, 우리 어른들이 대안을 마련해 주어야 합니다.

그러면 어떻게 해야 할까요? "어릴 때부터 성교육을 제대로 해야 한다. 사회적 차원에서 그들을 어떻게 구제하고, 도울 것인지 대책을 마련하고, 낙태 방지를 위한 인프라를 구축해야 한다. 아이들에게 생명을 중시하는 사상을 심어 주어야 한다." 사람들은 이런저런 이론과 원칙을 제시하곤 합니다. 말하는 사람은 많은데, 실질적인 도움은 별로 없습니다. 우리는 이 점을 기억하면서 청소년의 성 문제에 접근해야 합니다.

우리 사회의 성가치관이 무너지고 있는 것이 사실입니다. 미디어의 악영향과 급진적인 성교육의 폐해와 생명을 경시하는 풍조가 전통적 성가치관을 무너뜨리고, 가치관에 혼란을 일으킵니다. 자기 결정권을 보십시오. 성적 자기 결정권이 있으니 자기 마음대로 성관계를 할 수 있다고 말합니다. 그러나 많은 심리학자가 연구한 바에 따르면, 자기 마음대로 하는 사람들은 결국 심리적으로나 정서적으로나 정신적으로나 육체적으로 망가진다고 합니다. 겉으로는 그들의 라이프 스타일이 굉장히 멋지고 자유로워 보이지만, 이면에는 인간을 파괴하는 무서운 것들이 도사리고 있다는 것을 아무도 얘기하지 않습니다. 그것이 청소년들에게 미치는 폐해가 심각하다는 것은 크리스천뿐 아니라 일반인들도 잘 아는 내용입니다.

결혼은 하나님이 창조하신 원리요 제도입니다. 그러므로 그것을 어길 때 오는 폐해가 매우 심각합니다. 하나님의 원리를 마구 어긴 뒤에 감당해야 하는 결과는 너무나 비참하다는 것을 기억해야 합니다. 그러나 옳은 것이라도 듣기 싫은 이야기를 하면 손가락질을 받는 시대가 되었습니다.

얼마 전에 파키스탄에 다녀왔는데, 그곳은 일부다처제 사회입니다. 너무나 많은 여성이 눌려 살고 있으며, 근친상간과 성범죄가 많아서 여성이 자유롭게 다닐 수가 없습니다. 사회에 정말 우울한 그늘이 드리워져 있었습니다. 크리스천의 '선한 영향력'이 절실함을 느꼈습니다.

용기 있게 바른 성교육을 가르치는 한국가족보건협회 김지연 대표의 활동이 더욱 확장되기를 축복합니다. 신학교 총장으로서만 아니라 크리스천으로서 국민으로서 부모로서 여성으로서 개인으로서 이 책의 출간에 감사하고, 이 책이 사회에 선한 영향력을 주기를 바랍니다.

김윤희 횃불트리니티신학대학원대학교 총장

내가 만난 김지연 대표는 백년전쟁 시기에 프랑스를 구한 잔 다르크를 연상케 합니다. 그런 분이 한국 사회와 차세대의 성경적 성가치관을 위해 탄탄한 내용을 바탕으로 쓴 귀한 이 시리즈를 출간한 것은 민족을 구하는 일처럼 값지다고 생각합니다.

김종원 경산중앙교회 담임목사

저는 개인적으로 성 이슈에 민감한 지역에서 첫 목회 사역을 시작했습니다. 어렸을 때부터 보수적인 신앙 교육을 받고 자란 저에게는 큰 도전이 아닐 수 없었습니다. 이미 1992년에 성전환한 학생이 여대 졸업식에 참석하는 것을 보았으며, 동성 결혼을 인류애의 최고 모범인 양 가르치는 미국 교회의 건물을 빌려 예배를 드렸기 때문입니다. 지금 표면화되고 있는 이슈들은 기어코 올 것이 온 상황이며, 여기에 정치적 입김까지 불어오니 우리는 떠밀림을 피할 수 없는 시간이 되었습니다.

캘리포니아 공교육의 혼란스러움으로 많은 크리스천의 자녀 교육이 불투명해진 상태에서 때마침 김지연 대표의 이 책이 나와서 기쁩니다. 성경적 근거가 탄탄한 성교육으로 하나님의 창조 질서를 가르치고 총체적이면서 실질적인 가이드라인까지 제시하고 있습니다.

과거 공산당의 총부리 앞에서 예수를 부인하느냐 마느냐는 오히려 간단했습니다. 지금 사탄의 공격은 교묘하고 혼란스럽기까지 합니다. 이때에 바른 성에 관한 성경적 근거와 정확한 자료를 바탕으로 과학적으로 접근하는 저자의 가르침은 가뭄 속에서 만난 시원한 소나기 같습니다. 성에 관해 더 이상 쉬쉬할 것이 아니라, 올바로 가르쳐야만 하는 절박한 때가 왔습니다. 차세대의 교육과 교회 내에서 바른 성 역할을 가르쳐야 하는 목회자와 교회학교 선생님에게 이 책을 강력히 추천합니다.

김한요 남가주 베델교회 담임목사

이 시대는 왜곡된 성가치관, 가족관, 결혼관, 생명관이 은밀하게, 때로는 노골적으로 차세대에게 스며들어 그들이 영적인 위기를 겪고 있습니다. 내가 태어날 때 받은 성(엄격히는 난자와 정자가 수정되는 순간 결정된 성)을 무시하고 내가 느끼는 대로 성을 바꿀 수 있는 시대이기도 합니다. 과연 이것이 옳은가에 관한 물음에 속 시원한 대답을 해 주는 책이 나와서 무척이나 반갑습니다.

이 책은 다음과 같은 특징을 가지고 있어서 읽을 만합니다. 첫째, 의료인으로서 저자는 풍성한 전문 데이터를 가지고 문제를 하나하나 풀어 가고 있습니다. 둘째, 연구자로서 저자는 미국과 영국 등 해외의 실제 사례들을 넉넉하게 연구하여 제시함으로써 성 정체성의 혼란이 본인과 가족들에게 얼마나 큰 피해를 미치는지를 알려 주고 있습니다. 셋째, 무엇보다도 진리의 탐구자로서 저자는 성경적인 근거를 명료하게 제시하고 있습니다. 원어 성경의 히브리어와 헬라어를 동원하면서까지 말입니다.

창조주 하나님이 질서대로 만드신 것을 무시하고 이치를 거스르는 '역리'로 치닫고 있는 이때, 바른 성가치관을 알려 주고 하나님과의 관계가 끊어진 이들에게 회복과 자유를 주는 책이 되길 바라며 강력하게 추천합니다.

박성규 총신대학교 총장

김지연 대표님을 보면 하나님이 세우신 전사 같습니다. 대표님은 성경 말씀을 절대 진리로 믿으며 창세기 1장부터 목숨을 다해 지키기 위해 힘을 다할 뿐 아니라 많은 사람을 "마땅히 행할 길"(잠 22:6)로 인도하기 위해 올인하고 있습니다. 특히 잘못된 성 개념에 속아서 하나님을 떠나 자유를 억압당하고 스스로 망가뜨리는 삶을 사는 차세대를 보면, 지체 없이 뛰어가 도와주고 다시 일으켜 세웁니다. 삶으로 보여 주는 성교육의 중요성을 일깨워 주고, 전 세계적으로 행해지는 반기독교적인 글로벌 성 혁명의 실태를 면밀하게 보여 주며, 죄악의 쓰나미를 이길 수 있는 실질적인 방법까지 담고 있는 이 책을 강력하게 추천합니다.

박신웅 얼바인 온누리교회 담당목사

김지연 대표를 뵐 때마다 식지 않는 열정을 느낍니다. 그토록 공격받으며 외로운 길을 가다 보면, 지칠 만도 하고 실망할 만도 한데 눈은 더욱 반짝거립니다. 순수함, 지혜로움, 그리고 주님을 향한 사랑과 다음 세대를 향한 애절한 마음 등, 저자를 떠올리면 생각나는 단어들이 있습니다. 뿌리 깊은 나무는 흔들리지 않듯이, 저자의 이런 내공은 양가의 오랜 신앙 전통에 기인한 것을 알게 되었습니다.

이번에 출판한 책은, 저자가 목회자가 아니기에 더 큰 장점을 발휘합니다. 더욱 넓은 안목과 세상을 관통하는 식견과 전문성이 돋보입니다. 이 책을 읽고 나면, 약사 출신의 평범한 주부이자 어머니인 저자가 왜 비뚤어진 비성경적 성 이데올로기와 맞서 싸우는 영적 전사가 되어야만 했는지 독자는 이해하게 될 것입니다. 분명한 데이터와 사례를 통해 논리적으로 기술함으로써 동성애자와 옹호론자, 그리고 교회 안에 널리 퍼진 무관심한 성도와 동정론자들에게 큰 설득력과 파괴력을 발휘합니다.

책 내용에 종종 등장하는 저자가 겪은 실례들은 독자들에게 동병상련을 일으킵니다. 내 자식의 이야기 같고, 내 가족의 이야기 같기 때문입니다. 그래서 이 책은 대단히 실제적입니다. 가정의 가치, 성경 말씀의 가치, 그리고 도덕과 윤리의 중요성을 강조함으로써 그 대안을 스스로 찾게 합니다. 부모로서 그동안 가정에서 자녀와의 관계를 놓치고 살았던 그리스도인의 삶의 모습을 돌아보게 만들고, 어떤 가정을 이루어야 하며, 성의 중요성도 자연스레 느낄 수 있는 탁월한 책입니다.

교회에서 리더들이 성도들과 함께 스터디 교재로 사용해도 좋을 것 같고, 가정에서 사춘기 전후의 자녀들과 함께 읽고 적용해도 유익한 책입니다. 나무는 그 열매를 통해서 알 수 있습니다. 책 내용도 좋지만, 이 책을 저술한 김지연 대표, 그 자체를 신뢰하기에 이 책을 기쁘게 교회와 성도들에게 추천해 드립니다.

박한수 제자광성교회 담임목사

아직도 기억이 납니다. 제 큰아들이 데이트를 하게 되었다는 소식을 들었을 때를요. 일 년 중 절반은 해외를 다니며 가난한 어린이들을 예수님의 이름으로 양육하는 한국컴패션 대표로 있다 보니, 자녀들 양육은 거의 아내에게 맡겨 두는 편이었습니다. 그럼에도 아이들에게 아버지가 꼭 필요한 중요한 순간에는 최선을 다해 곁에 있고자 했습니다.

저희 세 아들만을 위한 성경 통독 캠프를 열기도 하고, 큰아들이 사회에 나갈 때에는 남자들만의 여행을 떠나기도 했지요. 그런 제가 정말 중요시하는 것이 바로 '신사적 데이트'입니다. 여기에 성교육이 안 들어갈수 없지요. 아버지로서 아들에게 성교육을 한다는 것이 민망할 수도 있습니다. 하지만 아들들을 사랑하기 때문에, 또 아들들이 만들어 갈 멋지고 행복한 가정을 그려 보고자 하기에 양보할 수 없는 시간입니다.

개발도상국 현지를 다녀 보면, 가난으로 말미암아 무너진 가정들이 너무나 많습니다. 그리고 그 속에서 자란 아이들이 성적으로 잘못된 방식으로 착취당하는 장면도 숱하게 봅니다. 컴패션은 가난 속에 있는 전세계 25개국 200만 명의 어린이들을 양육하고 있습니다. 이 어린이와 청소년들에게 남녀의 신체적 차이를 꼭 가르칩니다. 하나님의 형상으로 만들어진 우리가 얼마나 아름다운지를 내면의 아름다움이라는 커리큘럼과 함께 어릴 때부터 가르칩니다. 이어 아름다운 가정과 결혼에 대해서도 가르치죠. 이로써 어린이들은 자신을 지키고 방어합니다. 그리고 상대를 존중하는 법을 배웁니다.

그런데 성은 왜 그렇게 왜곡되고 이용당할까요? 그만큼 소중하고 귀하며 근본적으로 정체성에 영향을 주기 때문이지 않을까요? 요즘과 같이 내면이 무너지기 쉬운 디지털 환경을 생각할 때, 이 책은 하나님의 형상인 우리 자녀들의 행복한 미래를 지키려는 모든 부모님에게 최고의 무기가 될 것입니다.

하나님의 말씀과 전문적 지식은 물론, 자녀들의 미래를 지키고자 하는 도전과 격려까지 함께 받으시기 바랍니다. 진심으로 자신을 사랑하고, 그 사랑으로 다른 이를 지키고자 하는 분들께 이 책에 담긴 아름다운 열심을 선물하고 싶습니다.

서정인 한국컴패션 대표

부모가 청소년 자녀들의 성교육을 하는 지침서가 출간된 것을 매우 기쁘게 생각합니다. 한국 교회의 성교육 현장을 고려할 때, 부모와 교사 및 교회학교 청소년 사역자들에게 이 책이 꼭 필요하다고 생각합니다. 특히, 이 책은 다음과 같은 점에서 필독서가 되어야 할 것입니다.

첫째, 성을 문화적인 차원에서 접근하였습니다. 성은 항상 우리 문화를 통해서 다가오기 때문에 성 문제를 문화 차원에서 기술한 것은 매우 효과적인 접근이라고 생각합니다.

둘째, 이 책은 학자가 빠지기 쉬운 학술적 논의나 이론 중심이 아니라 우리 삶의 현장과 성 문화의 현실을 잘 소개하고 묘사하고 있어 매우 현장감이 있고 설득력이 있습니다.

셋째, 이 책은 부모의 입장에서 접근하였습니다. 성교육의 주체로는 부모, 학교 교사, 교회 사역자, 상담 전문가 등이 있습니다. 그중에서 가장 중요한 주체는 부모입니다. 이 책은 자녀를 가르치는 부모를 위해 성교육의 기본자세까지 세세히 소개하고 있어 매우 바람직해 보입니다.

넷째, 성교육의 필요성을 절실하게 잘 표현한 책입니다. 우리 자녀들이 하나님 안에서 거룩한 자녀로서 성장하기를 기대한다면, 당연히 자녀들에게 성에 대한 성경적 관점을 확실하게 교육해야 합니다. 그런 점을 잘 표현한 책입니다.

다섯째, 이 책은 동성애 문제를 가슴으로 외치며, 교회를 비롯한 수많은 곳에서 동성애의 문제점을 가르쳐 온 현장 실천가로서의 열정이 담긴 책입니다. 그런 저자의 마음과 열정을 읽을 수 있어 더욱 마음이 가는 책입니다. 강연으로만 그치지 않고, 성경적 토대, 법 제정의 필요성, 의학적 시각의 효율성 등을 균형 있게 고려하며 행동해 온 실천가의 책이라는 점이 우리에게 큰 울림을 줍니다.

이 책을 통해 부모들이 자녀 성교육에 관한 큰 도움을 받기를 바랍니다. 성경적 성교육의 바람이 한국 교회에 도전하고, 한국 사회 전체에 성교육의 중요성을 알림으로써 교회와 사회 전체가 성 문제를 더욱 심도 있게 인식하고, 올바로 다루는 놀라운 열풍이 일어나기를 간절히 소망합니다.

오규훈 장로회신학대학교 목회상담학 객원 교수, 전 영남신학대학교 총장

건강한 가정의 부재는 이 시대의 비극입니다. 오늘날 우리가 목도하는 고통스러운 사회 현상의 뿌리는 거의 예외 없이 가정의 문제와 연결되어 있습니다. 세상은 가정을 세우는 일보다 개인을 세우는 일을 더 우선으로 하고 있습니다. 이러한 시대적 흐름은 시간이 흐를수록 우리 사회와 개인의 삶을 왜곡하고 질식시킬 것입니다.

그러나 우리에게는 이미 건강한 가정의 부재에서 비롯되는 모든 문제를 해결할 수 있는 놀라운 열쇠가 있습니다. 하나님께서 축복하신 성경적 가정을 바로 세우는 것입니다. 이것이 없이는 가정에 대한 세상의 수많은 전문가의 견해나 저술이나 연구조차 백약무효일 것입니다. 가정의 해체가 일상이 되어 버린 지금, 성경적 성가치관에 기준을 둔 김지연 대

표의《디지털 세대를 위한 성경적 성교육》시리즈가 출간되어 얼마나 다행스럽고 감사한지 모릅니다.

성경 인물 가운데 요셉은 청년 시기에 자신의 몸을 지킴으로써 자기 혼자만 산 것이 아니라, 당시 기근으로 인해 고통당하는 온 나라와 주변 나라들을 살렸습니다. 김지연 대표의 이 시리즈가 이 시대의 요셉 같은 인물을 배출하는 데 귀하게 쓰임 받는 은총의 통로이자 은혜의 저수지 역할을 하게 되길 바랍니다.

모든 교회학교 교사, 믿음의 부모들이 이 책을 필독서로 곁에 두고, 줄을 치며 읽고 체화하여 가정에서부터 생생하게 적용한다면, 이 시대의 아픈 가정과 청소년들을 바로잡는 데 큰 축복이 될 것입니다.

오정현 사랑의교회 담임목사

창조주 하나님은 우리가 모두 기쁨 넘치는 삶을 살아가기를 원하십니다. 처음 가정을 에덴(Eden)동산, 즉 즐거움의 동산에 살게 하신 깊은 뜻이기도 합니다. 하나님은 가정의 질서가 깨어질 때의 아픔과 혼란을 예견하셨습니다. 불순종으로 인하여 사람이 에덴동산에서 추방당하는 모습에 얼마나 가슴이 아프셨던지, 예수 그리스도의 십자가를 예비하시고, 그 사랑으로 잃어버린 낙원, 곧 실낙원을 회복시켜 주셨습니다. 복낙원 시대를 열어 주신 것입니다.

생명과 가정의 가치는 개인과 사회의 건강성을 담보합니다. 인간의 타락은 성적인 무질서와 맞닿아 있습니다. 그러므로 건강한 가정과 사회를 이루기 위해서는 성경적 가치를 바탕으로 한 세계관으로 남성과 여성의 정체성을 회복하는 것이 급선무입니다. 이 책의 저자인 김지연 대표는 가정의 회복이라는 우리 시대의 요청을 소명으로 알고, 몸과 마음을 다하여 달려온 국보적 인물이라 확신합니다. 성경적 원리를 바탕으로 온 힘을 다해 써 내려간 이 책은 올바른 성교육과 가정 회복에 생기를 불어넣어 줄 것입니다.

오정호 새로남교회 담임목사, 제자훈련목회자협의회(CAL-NET) 이사장

예수님과 24시간 동행하며 누리는 참행복을 경험해야 할 차세대가 신앙생활 하는 데 많은 장애물을 만나고 있습니다. 그 중 강력한 장애물은 바로 반성경적 성 문화와 성교육일 것입니다. 예수님과 함께 성화의 길을 걷기 위해서는 무엇보다 성경적 가치관이 올바로 세워져야 합니다.

김지연 집사님이 쓴 이 시리즈는 여느 성교육 책과는 다릅니다. 성 지식에 말씀을 장신구처럼 얹어서 들려주지 않고, 생명과 경건에 관련된 교육을 오로지 복음에 기초하여 들려주고 있습니다. 그러면서 전문가도 인정할 만한 탄탄한 데이터를 제시하고 있습니다. 해외 사례를 비롯해 성교육을 통해 만난 다양한 사례를 들려주어 쉽고 구체적입니다. 이 책은 우선 부모가 성경적 관점, 세계관, 가치관을 확립하도록 도울 것입니다. 또 반성경적인 성 문화와 맞서 싸울 무기를 장착하고 말씀대로 살 수 있는 영적 토양을 만들어 줍니다. 우리 자녀들이 임마누엘이신 주 예수님과 친밀히 동행하는 삶을 살도록 이끌어 줄 선한 도구입니다.

이 세상은 내가 주인이라고 가르치지만, 성경은 인생의 주인은 하나님이라고 분명하게 말씀합니다. 내 인생의 주인은 나이며 내 마음대로 사는 것이 권리라고 가르치는 시대에 그렇지 않다고 외치며 전국을 누비는 김 대표의 강의는 잠든 영혼, 식물인간 상태의 영혼들을 깨웠습니다. 먼저 깨어난 주님의 자녀는 배운 대로 가르쳐 지키게 해야 할 사명이 있습니다.

공교육은 스스로 주인이 되어 살라고 교육합니다. 우리의 차세대를 공교육에 내맡기기만 해서는 안 됩니다. 인생의 주인은 하나님이라고 분명하게 가르쳐야 합니다. 마땅히 가르쳐야 할 바를 가르쳐 자녀의 영혼 구원에 열정을 쏟아야 합니다. 지금은 너무나 악한 때이기 때문입니다. 이 책은 세상의 타락한 교육에서 우리 자녀들을 건져 내어 거룩하게 가르칠 내용, 즉 근본적인 것부터 가볍게 실천할 수 있는 방법들까지 알차게 소개하고 있습니다.

바른 신학에 기초한 성경적 가이드라인을 제공하고 있으며, 거짓되고 왜곡된 허상을 깨뜨릴 여러 자료가 풍부합니다. 양육자가 먼저 읽고 무장하여 가르친다면, 세상에 맞서 승리할 예리한 검을 차세대의 손에 쥐여 줄 수 있을 것입니다. 우리 자녀가 우리 동역자가 되지 못한다면, 그들은 우리 대적이 되어 우리 마음을 후벼 팔 것이며 우리 노후도 평안하지 못할 것입니다. 차세대를 잃어버리지 않고, 그들을 주님 앞에 거룩하게 세우기 위한 저자의 눈물과 땀이 밴 노력의 이야기가 독자의 식은 가슴을 두드려 뜨겁게 할 것입니다. 교역자, 학부모, 교사 모두 이 책을 일독하시기를 권합니다.

육진경 전국교육회복교사연합 대표, 서울 상도중학교 교사

하나님이 주신 소중한 선물 중 하나인 성이 오히려 우리 시대와 특별히 차세대들에게 아픔을 주고 있는 지금의 현실은 너무나 안타깝고 가슴 아픈 일입니다. 모두가 문제의 중요성과 심각성을 잘 알고 있지만, 실제적이고 구체적인 대안과 방법을 마땅히 찾지 못하고 있는 것도 사실입니다. 특히 미디어와 학교 현장에서 비성경적인 성가치관과 성교육이 무분별하게 무차별적으로 전달되는 현실은 의식 있는 많은 학교 및 교회 교사와 학부모들의 마음을 암담하고도 두렵게 하고 있습니다.

그러나 우리는 성경과 역사를 통해 하나님이 때마다 다윗처럼 당신 마

음에 맞는 사람을 택하셔서 자기 뜻을 행하고 이루시는 것을 볼 수 있습니다. 이 같은 하나님의 선하신 손길은 우리의 견고한 소망입니다.

이번에 김지연 대표님을 통해 비성경적 성교육의 내용과 그에 따른 문제를 분별하여 올바른 판단을 할 수 있는 책이 출간된 것은 이 시대와 차세대를 향한 하나님의 선물이라고 생각합니다. 특별히 올바른 성경적 성가치관을 가르치고 성교육할 수 있는 좋은 지침서 역할을 할 내용을 담고 있어 개인적으로 정말 감사한 마음입니다. 교회에서 차세대를 섬기는 교회와 학교의 교사들, 부모님들, 나아가 이 시대 모든 세대에 꼭 필요한 책이라고 생각되어 간절한 마음으로 추천합니다.

이강주 광주향기교회 담임목사, HCS 기독사관학교 설립자

성(性)을 둘러싼 논쟁의 시대, 우리는 치열한 세대를 살고 있습니다. 세태에 걸맞게 '글로벌 성 혁명'이라는 표현도 결코 낯설지 않습니다. '성 혁명'은 교회 현장마저 아노미 상태에 빠뜨릴 만큼 파괴력 강한 현시대의 정신으로 군림하고 있습니다. 지난 200여 년 동안 반기독교적 성 혁명 사상가들과 활동가들이 치밀하게 조직적으로 세워 온 사상 체계와 그들의 행동 강령이 교회와 사회를 공략하고 있습니다. 성경적 세계관과 하나님의 창조 원리를 무너뜨리려고 울어 대는 사자처럼 말입니다.

하나님의 형상 파괴를 더욱 가속화시키는 이런 성 혁명을 이 시대의 진보 사상으로 둔갑시킨 것은 사탄의 사특한 계략입니다. 이런 사조를 비판하고 저항하는 이들을 시대에 뒤진 사람으로 취급하고, 나아가 법적으로 제한하고 구속하는 일들이 이제 한국 사회는 물론 지구촌의 일상이 되어 가고 있습니다. 이러한 때, 저자의 이 책은 성 관련 윤리 담론과 교육 지침을 크리스천 가정이나 교회 안으로만 제한하지 않고, 누구나 쉽게 읽고 공감할 수 있는 유용한 지식과 실제적 지침으로 제시하고 있습니다.

이 책에서 저자는 오염된 성 문화는 성 규범 해체로 이어져 인간성 상실과 가정 해체, 나아가 기독교 해체로 귀결됨을 다양한 예시를 들어 객관적 정보와 논리적 언어로 풀어 냅니다. 이제껏 저자는 사단법인 한국가족보건협회 대표 이사와 차세대바로세우기학부모연합 상임 대표를 맡아 성경적 성가치관을 다양한 방식으로 전파해 왔습니다. 이번에는 성 혁명 이면에 도사린 음란한 실체와 그 세력을 무장해제시킬 영적 매뉴얼이 될 책을 통해 독자들과 만날 것입니다. 왜곡된 성 문화에 깊이 물든 디지털 세대를 바르게 인도하고자 하는 분들이면 누구나 읽어야 할 필독서로 이 책을 추천합니다.

이상명 미주장로회신학대학교 총장

김지연 대표의 이 책은 하나님의 말씀에 기반한 성경적 성가치관을 폭넓게 다루는 책입니다. 성경을 보면 '성'이라는 단어를 단독으로 쓴 예가 없으며 결혼, 출산, 남자, 여자, 간음, 순결 등 구체적인 주제 속에서 연계되어 존재한다는 내용이 인상 깊었습니다. 그런 면에서 이 책은 다른 성교육 책들과는 확연히 다릅니다. 성경에 정통한 성교육 교과서로서 목회자, 교사, 학부모에게 너무나 큰 도움이 되는, 오랜 가뭄 끝에 만나는 단비처럼 아주 귀한 책입니다. 성경을 기반으로 하고 있어서 남녀 차이부터 이성 교제, 결혼, 출산, 임신, 생명, 가족에 이르기까지 이른바 성에 관한 모든 것을 가르치고 양육하기에 아주 좋은 지침서입니다. 술술 읽히면서도 심오한 깊이가 있습니다.

세상은 잘못된 성 문화를 가르치고 있습니다. 성만을 강조하여 가르침으로써 인간의 성적 욕구를 강조하고, 그로 인해 성에 지나치게 노출된 아이들은 성애화를 겪습니다. 텔레그램 'n번방' 사건을 접하면서 근본적인 질문이 생겼는데, 그 답을 이 책에서 찾은 것 같습니다. 현재 성교육의 부작용이 무엇이고, 제2의 '조주빈'이 탄생하지 않게 하려면 어떻게 해야 할지를 이 책을 통해 알 수 있습니다. 모든 주일학교와 가정에서 이 책을 활용하기를 강력하게 추천하는 바입니다.

이영훈 여의도순복음교회 담임목사

이 시대 혼란의 중심에는 성 정체성의 혼란이 있습니다. 남자와 여자의 성 구별을 없애려는 시도만이 아니라 남성됨과 여성됨이 어떤 의미인지 잘 알지 못함으로 인한 혼란까지 혼돈의 영이 매우 깊고 넓게 영향을 미치고 있습니다. 이를 해결하기 위해서는 하나님의 창조 질서 안에서 성을 이해하는 길밖에 다른 길은 없습니다. 성경적 성교육이 절실히 필요한 이유입니다.

성경은 기록될 당시의 세상에 존재했던 성 정체성의 혼란을 그대로 보여 주면서 타락한 세상의 중심에 성적 타락이 있음을 증거합니다. 하나님이 인간을 하나님의 형상대로 만드시되 남자와 여자로 창조하시어 이루고자 하신 질서는 성가치관의 회복으로만 이해할 수 있습니다. 김지연 대표님의 모든 사역은 하나님의 창조 질서를 회복하는 데 있습니다. 무너진 성가치관을 바로 세우고 한국 교회와 사회를 올바로 세우는 데 이 책이 귀하게 쓰임 받게 되리라 믿습니다.

이재훈 온누리교회 담임목사

"모든 지킬 만한 것 중에 더욱 네 마음을 지키라 생명의 근원이 이에서 남이니라"(잠 4:23)라는 말씀처럼 우리는 다음 세대의 마음을 지키는데 온 힘을 쏟아야 하는데, 좋은 대학과 좋은 직장만을 위해 관심을 쏟으며 최고의 스펙을 만드는 것이 부모의 사랑이라고 착각하며, 그 일에만 헌신하고 희생하는 부모님들을 너무나 많이 봤습니다. 오랜 기간 사탄은 미디어, 음란물, 학교의 잘못된 성교육 등을 통해 다음 세대의 가족관과 세계관과 생명관을 무너뜨리는 데 성공해 왔습니다.

이 책은 세상에 빼앗긴 자녀들의 마음을 다시 하나님께로 되돌릴 수 있는 지혜의 책입니다. 만약 한국의 모든 부모들이 이 책의 내용을 자녀들에게 가르치고 양육한다면, 한국이 어떤 나라가 될지 생각만 해도 전율이 느껴집니다. 또한 각 나라에 흩어져 있는 한인 부모들도 마찬가지라고 생각됩니다.

이 책을 한 장 한 장 진지하게 읽으시라고 모든 부모들에게 권하고 싶습니다. '부모가 얘기하는 거니까 하지 마'라는 식의 권위만을 앞세우는 가르침은 자녀의 마음을 상하게 합니다. 실제 사례, 통계, 연구 결과 등이 담긴 이 책은 자녀들에게 올바른 성가치관에 관하여 명확히 가르칠 수 있는 좋은 도구(Tool)가 될 것을 확신합니다. 세상에 빼앗긴 우리 자녀들의 마음이 이 책을 통해 하나님이 기뻐하시는 순결한 마음으로 다시 돌아올 것을 기대하며 소망합니다.

이진아 남가주다음세대지키기 대표

근래에 들어 우리와 우리 자녀들을 혼란에 빠뜨리는 다양한 공격이 펼쳐지는 것을 볼 수 있습니다. 그리고 이런 공격으로 인해 그동안 견지하던 가치관이나 신앙이 흔들리는 분들이 많아지는 현실입니다.

우리를 혼란에 빠뜨리는 다양한 공격 중에 가장 치명적인 것이 바로 '성'입니다. 악한 세력은 마치 누군가가 다른 이들을 억압하기 위하여 만들어 놓은 장치인 것처럼 성을 왜곡하더니, 자유와 권리라는 이름으로 무책임한 성관계를 조장했습니다. 이제는 본래 태어난 성을 부정하고, 내가 느끼는 바로 그것이 나의 진정한 성이라고 말하기 시작했습니다. 이런 논의가 사람들의 가치관을 얼마나 흔들어 놓을지 염려스럽습니다.

이런 상황에서 이 문제를 가지고 오래 고심하며 연구해 온 김지연 대표님의 성교육 책 출간이 반갑습니다. 이 책에는 다년간 강의를 통해 쌓은 경험과 노하우가 고스란히 담겨 있습니다. 학교와 교회 현장에서 바로 쓰일 수 있도록 만들어져 더욱 감사한 마음이 듭니다.

말세에 교회와 성도를 향한 공격은 더욱 거세질 것입니다. 혼자 맞설 수 없습니다. 열정만으로도 안 됩니다. 바른 성경적 지식을 배우며, 함께 헤쳐 나가야 할 것입니다. 이 책을 통해 성경이 말하는 성에 대한 명확한 지식을 배우고 가르치길 기대합니다.

이찬수 분당우리교회 담임목사

생명주의 성교육이 너무나 필요합니다. 성을 쾌락으로만 생각하면 결코 만족에 이를 수 없는 인간의 비참함과 마주하게 됩니다. 김지연 대표님을 만나 성경적 성교육 양성 기관인 에이랩(ALAF, Awesome Life Awesome Family)에서 공부하면서 기도하고 행동하는 크리스천으로서의 정체성을 갖게 되었습니다.

교육 현장에서 강의할 때마다 성경적 성교육에 관한 마땅한 책이 없어 안타까웠는데 그리스도의 자녀로, 제자로, 신부로, 군사로 어떻게 행해야 할지 알려 주는 책을 드디어 만나게 되어 감격스럽습니다.

이 책은 막연하게만 생각되던 자녀 성교육의 훌륭한 안내서입니다. 또한 가치관이 혼재된 시대를 살아가며 분명한 성경적 세계관을 재정립하고 싶다면 반드시 읽어야 할 책입니다. 저에게 큰 도움이 된 명저를 여러분에게도 기쁨으로 추천합니다.

지소영 전 꿈의학교 교사, 방송 작가

저는 유튜브 플랫폼을 이용해 영상을 업로드하다 보니 전 세계 한인 크리스천 청년들에게서 이메일 및 SNS 메시지를 많이 받습니다. 수많은 고민 상담 요청 중 열의 아홉은 연애와 결혼에 관한 문제, 곧 '성'에 관한 문제입니다. 개중에는 매우 심각한 내용도 더러 있습니다. 중요한 점은 사연 속 피해자와 가해자 모두 크리스천이라는 사실입니다. 목회자의 자녀건, 선교사의 자녀건, 교회 내 중직자의 자녀건 또는 몇 대째 이어져 온 신앙의 가문의 후손이건 상관없습니다. 모두 넘어지고 다쳤습니다. 얼마나 다급하고 간절했으면, 한 번도 만난 적 없는 영상 속 유튜버에게 자기 이야기를 써 보낼까요.

그들은 매우 진지합니다. 하나님을 향한 갈망이 그들 심중에서 솟구치고 있다고 생각합니다. 제가 그들의 진지한 고민에 답하고 있는 '연애·결혼 멘토링'의 주요 토대는 한국가족보건협회 김지연 대표님께 배운 내용들입니다. 김지연 대표님에 대한 개인적인 존경은 차치하더라도, 제가 지금껏 살펴본 곳 중에서 김지연 대표님의 한국가족보건협회가 가장 확실하고 안전한 (그리고 거의 유일한) 성경적 성교육을 하기 때문입니다.

의료학적으로나 뇌과학적으로나 신뢰와 검증은 말할 나위 없습니다. 즉 김지연 대표님의 성경적 성교육은 전 세계적으로도 대체가 불가합니다. 게다가 이름도 빛도 없이 섬기시는 한국가족보건협회 스태프분들과 수많은 '자봉(자원봉사의 줄임말)'분들의 희생을 보고 있노라면 언제나 마음이 숙연해집니다. 어찌 놀라운 성령의 열매가 맺히지 않을 수 있을까요?

저는 이 책이 나오기만을 기다렸습니다. 내용을 읽는 내내 밑줄을 긋느라 펜을 놓지 못했습니다. 저희가 주관하는 프로그램에 오시는 3040 기혼 여성분들과 2030 젊은이들에게 이 책을 추천할 겁니다. 더 나아가 이 책 내용을 바탕으로 성경적 성가치관을 설파할 겁니다. 이 악한 시대에 내가 어떻게 준비되어야 하느냐, 도대체 어느 책부터 읽어야 하느냐 묻는 수많은 분에게 이 책을 추천할 겁니다. 교회를 수호하고, 나라를 바로 세울 수 있는 마지막 복음의 무기가 바로 이 책에 다 담겨 있기 때문입니다.

이 책은 인생과 가정을 바로 세워 주시는 하나님의 은혜가 우리에게 닿는 매개체입니다. 특히 오늘날 우리가 어떤 크리스천으로 살아가야 하는지 그 시대적 사명을 알려 주는 매개체이기도 합니다. 이 책을 통해 우리가 그토록 바라는 복음의 역전이 실현되기를 응원합니다.

책읽는사자 유튜버, 사자그라운드 대표

두 자녀를 키우고 있는 엄마로서 아이들에게는 늘 최고의 것을 주고 싶은 마음입니다. 큰아이와 작은 아이 모두 영어 학원을 포기하고 대신 성경 암송반에 들어가도록 했습니다. 매주 토요일에 온누리교회 샤이닝키즈(어린이 성경암송학교)에 아이들을 보냈는데, 저 또한 교사로 섬겼습니다. 여러 선생님과 함께 조를 짜서, 아이들이 일주일간 하루에 두 구절씩 외워 총 열네 구절을 토요일 날 함께 암송하며 복습하는 시간을 갖곤 했습니다. 제가 믿음의 4대인 만큼 아이들에게도 믿음의 대를 잇게 하고 싶었고, 말씀이야말로 아이들 인생에 최고의 선물이요 썩지 않을 자산임을 알았기 때문입니다.

그러던 어느 날, 동성애는 죄가 아니며 동성애를 죄라고 말하는 그 사람이 죄인이라고 주장하는 '포괄적 차별금지법'이 통과된 나라들에서 하나같이 다음 세대가 교회로부터 등을 돌리고, 동성애를 옹호하는 문화에 젖어 동성애를 죄라고 가르치는 모든 가르침을 거부할 뿐만 아니라 하나님을 대적하는 데까지 이르렀다는 소식을 듣고 깜짝 놀라게 되었습니다. 아이들이 떠난 교회는 텅텅 비게 되었고, 전쟁이나 전염병이나 이단의 공격에도 버텨 왔던 서구의 많은 교회가 차별금지법 앞에서는 추풍낙엽처럼 나가떨어지는 모습을 목도했습니다.

무엇이 문제인지 곰곰이 생각하게 되었습니다. 동성애자의 수가 적고 많음을 떠나 법치국가에서 잘못된 법, 곧 반성경적인 법이 만들어지면 그 법에 의해 사람들의 가치관과 세계관이 변화하게 되고, 옳고 그름의 기준이 흐트러지게 되고, 결국에는 그 마음밭이 황폐하여져서 하나님께 반역하는 마음으로 변질된다는 것을 알게 되었습니다.

대한민국은 법치국가입니다. 법이 사회, 정치, 경제, 문화 모든 영역에 영향을 주는 국가입니다. 동성애를 죄라고 교육하고 믿고 있는 사람들을 범죄인 취급하는 법은 우리나라 기독교인 전체를 타깃으로 하는 악법일 뿐 아니라 궁극적으로는 성경 말씀의 권위와 신뢰를 허물어뜨리는 사탄의 궤계라고 할 수 있습니다.

또한 동성애를 옹호하는 차별금지법은 교회로 인도해야 할 '아직 믿지 않는 사람들'에게는 너무나 치명적인 독극물과도 같은 것입니다. 즉 궁극적으로 동성애를 옹호하는 포괄적 차별금지법의 최대 피해자는 크리스천이 아니라 넌크리스천입니다. "차별금지법대로 따지자면 결국 동성애를 죄로 규정하는 성경책이 틀린 거네?"라고 비성경적인 토양으로 변질되기 때문에 더욱 전도와 양육하기가 힘들어지기 때문입니다.

이 깨달음이 저로 하여금 성경적 성 교육자로서 헌신하게끔 하였습니다. 이 책은 제가 성경적 성가치관을 교육하는 단체의 대표가 되고, 신학대학원에서 그것을 가르치는 교수가 되고, 관련 논문을 쓰게 한 동기와 배경을 바탕으로 가장 핵심적인 사안을 다루는 뼈대와 같은 책입니다.

성경적 성교육 시리즈의 두 번째 책 《나의 어여쁜 자야》가 남녀 간의 성별 차이와 트랜스젠더리즘의 문제점을 알렸다면, 이 책은 동성애와 차별금지법의 문제점을 다루고 있습니다.

낙태 이슈와 동성애 이슈는 분명히 성경적 세계관과 세속적 세계관이 전쟁을 일으키고 있는 영역이라는 점에서는 비슷하나 낙태가 죄가 아니라 낙태를 죄라고 말하는 그 사람을 죄인 취급하거나 처벌로 엄히 다스리겠다는 법이 따로 있지는 않습니다. 그러나 차별금지법은 그와는 좀 다른 맥락입니다. 동성애를 옹호하고 조장하는 것에서 그치지 않고, 동성애를 죄라고 믿는 사람들을 법적으로 처벌하는 데까지 이르기 때문에 훨씬 더 강력하고, 훨씬 더 악한 사탄의 도구라고 할 수 있습니다. 즉 동성애 이슈는 믿음의 선한 싸움을 싸워야 할 가장 중요한 전쟁터 중 하나라는 뜻입니다. 이 사실을 꼭 기억해 주십시오.

부족한 책을 쓸 수 있도록 도와주신 많은 분께 감사드립니다.

2023년 7월
김지연

답을 구하는 부모들에게

'성경적 성교육'은 생명과 가정, 남녀와 결혼 등 생식 즉 생육하고 번성하며 충만하여지는 일련의 이슈를 성경적으로 어떻게 바라볼 것인가를 가르칩니다. 다루는 주제는 생명, 낙태, 연애와 결혼, 성매매, 동성애, 성전환, 성폭력, 음란물 등 매우 다양합니다.

그중에서도 사회·정치·경제·문화 모든 영역에서 근래 가장 치열한 가치관 전쟁이 벌어지고 있는 어젠다(agenda)는 소위 '성적 지향'과 '성별 정체성'입니다. 동성애, 이성애, 양성애 등 각종 성적 지향이라고 하는 것에 관해 자녀가 질문해 올 때, 여러분은 어떻게 설명해 주십니까? 아이들이 어디에서 뭘 보고 배웠는지 걱정부터 되시지는 않습니까? 크리스천 부모의 대부분이 왜 아이들이 동성결혼이 합당한지 합당하지 않는지 갈팡질팡하는지 이해가 안 된다고 말합니다. 그러면서도 막상 아이들의 질문에 대답하려면 어떻게 설명해 주어야 할지 몰라 난감해합니다.

특히 동성애 문제는 교회 안의 청소년들조차 가장 많이 헷갈려 하는 이슈이기에 성경적으로 탄탄한 지식과 논리의 무장이 때론 필요합니다. 만약에 자녀가 동성애 문제가 과연 인권 문제인지 아닌지를 물어온다면 어떻게 대답해 주시겠습니까? 이때 성경적으로 명확하게 설명해 주지 않으면, 세속적인 성교육을 받은 자녀에게 양육자들이 되레 휘말리거나 말싸움으로 끝나 버리기 일쑤입니다.

제가 요즘 자주 받는 질문 중의 하나가 "우리 교회의 어떤 아이가 커밍아웃했습니다. 어떻게 해야 할까요?"입니다. 일단 이런 일이 벌어지면, 동성애 이슈에 전혀 관심이 없었던 성도들이나 교회들도 난리가 납니다. 성경적으로 올바른 답은 이미 알고 있지만, 구체적으로 어떻게 소통하고 교육해야 할지를 모르기 때문입니다. 갈팡질팡하다가 진작 관련 교육을 받아 둘 걸 하고 후회하며 그제야 부랴부랴 상담을 요청해 오거나 강의를 신청하는 분들이 많습니다.

그만큼 동성애와 관련한 상담 요청이 갈수록 많아지고 있습니다. 약대를 졸업한 제가 기독교 상담학과 중독 상담학으로 석·박사 학위를 받게 된 이유가 바로 이것입니다. 상담 사례 중에는 차마 공개하기가 어려운 내담자 사례도 상당히 많습니다.

성경적인 성가치관으로 다루어야 할 주제가 다양하지만, 이번

책에서는 '포괄적 차별금지법'(이하 차별금지법)과 동성애에 관한 10대들의 질문에 부모가 어떻게 반응하고 답해야 할지에 관해 이야기하고자 합니다. 부모의 가치관이 성경 중심으로 바로 서 있으면, 자녀는 반드시 변화하게 되어 있습니다.

언제나 사랑으로

본론에 들어가기에 앞서 한 가지 경계해야 할 문제가 있습니다. 캐나다 출신의 종교학자 마이클 고힌과 크레이그 바르톨로뮤는 그들의 저서 《세계관은 이야기다》에서 '메시아적 활동주의'를 경계해야 한다고 말합니다.[1] 이게 무슨 말이냐 하면 예를 들어, 처음엔 차별금지법의 제정을 막기 위해서 성경적 성가치관 세우기 운동을 시작했는데, 하다 보면 주객이 전도되기도 한다는 것입니다. 즉 차별금지법의 제정을 반대하는 운동을 벌이는 과정에서 이에 동조하지 않는 성도들을 "당신들은 왜 차별금지법을 반대하지 않는가? 그러고도 크리스천이라고 할 수 있는가?" 하고 비난하며 배척하는 것입니다. 메시아나 된 듯이 다른 성도들을 판단하고 정죄하는 것은 굉장히 무례한 태도입니다. 그로 인해 오히려 교회가 분열되어 쪼개지는 안타까운 일이 벌어지기도 합니다. 운동 자체가 목적이 되어 버린 탓입니다.

그래서 우리는 이것을 경계해야 합니다. 우리 안에는 사랑이 충만해야 합니다. 무슨 운동을 하든 우리 내면은 항상 하나님과 이웃을 향한 사랑으로 충만해야 합니다. 그렇지 않으면, 메시아적 활동주의라는 늪에 빠져 내면에 희락과 화평을 잃고 굳은 얼굴로 속 빈 구호만 외칠 수 있습니다. 교회를 보호하고 영혼들을 살리기 위해 이 일을 시작했는데, 오히려 많은 성도와 교회를 다치게 해서야 되겠습니까?

다음 세대를 대할 때도 마찬가지입니다. "도대체 요즘 아이들은 성경 말씀을 제대로 알기나 하는지 되바라져서는…. 좋게 봐줄 수가 없어. 틀려먹었어" 하고 너무 쉽게 판단해 버리지는 않는지 스스로 점검해 봐야 합니다.

실제 강의 현장에서 탈동성애가 많이 일어나고 있는데, 이는 자녀의 영혼을 사랑하는 부모의 마음이 무엇보다도 태도로 잘 전달된 덕분이라고 생각합니다. 차별금지법의 반대 운동도 마찬가지여야 합니다. 이 법 자체를 막는 게 목적이라기보다는 많은 영혼이 "동성애는 죄가 아니라 인권 문제이며 그걸 죄라고 말하는 성경이 틀린 것이다. 성경은 판타지에 불과한 구세대의 유물일 뿐 현대 법 정신과도 맞지 않는다"라는 미혹하는 영의 주장에 넘어가지 않도록 보호하는 것이 우선입니다.

그렇습니다. 차별금지법을 반대하는 운동은 미혹하는 영에 맞서 싸우는 과정의 하나일 뿐입니다. 즉 반목이나 파괴가 아닌 사랑을 실천하는 한 가지 방법이라는 뜻입니다. 우리는 아가페적 사랑의 태도를 잃어서는 안 됩니다.

건강한 추상성의 명료함으로

부모가 자녀에게 성경적 성가치관을 가르칠 때는 최대한 명료하게 도식화할 필요가 있습니다.

성경은 추상적 사고 능력의 최대치를 보여 줍니다. 이것은 건강한 추상성입니다. 보이지 않는 하나님을 늘 대면하듯 느끼며 매시간 동행할 정도로 하나님에 관한 추상적인 개념을 추상적이지 않은 것으로 승화(sublimation)하는 것이 기독교입니다.

그러나 애매모호한 추상성은 가르침에 방해될 수 있습니다. 애매해선 안 되는 영역을 애매하게 놔두어 영혼들로 하여금 갈팡질팡하게 한다면, 이것은 건강하지 않은 추상성입니다. 영혼들을 실족의 길로 인도할 뿐입니다.

성경은 결혼에 관해 이렇게 말합니다.

이러므로 남자가 부모를 떠나 그의 아내와 합하여 둘이 한 몸을 이룰지로다 창 2:24.

모든 사람은 결혼을 귀히 여기고 침소를 더럽히지 않게 하라 히 13:4.

'결혼'이란 인간이 죄짓기 전에, 즉 아담과 하와가 선악과를 따 먹고 타락하기 전에 인간에게 이미 주어졌던 제도입니다. 죄가 들어오기 전에 완벽한 하나님의 창조 세계에 이미 배필 제도가 존재했다는 의미입니다. 즉 결혼은 창조 세계에 존재했던 원형 중 하나입니다. 하나님은 아담을 먼저 창조하신 후에 "사람이 혼자 사는 것이 좋지 아니하니 내가 그를 위하여 돕는 배필을 지으리라"(창 2:18) 하고, 그의 갈빗대 하나를 취하여 여자를 만들어 주셨습니다. 아담과 하와는 처음부터 서로에게 돕는 배필, 곧 배우자로 주어졌습니다. 즉 결혼 제도는 인간이 타락하기 이전부터 이미 있었으므로 곧 인류 역사와 같다고 할 수 있습니다.

사실, 성경은 '독신의 은사' 혹은 '독신의 사명'을 매우 귀하게 여기긴 하지만, 이는 말 그대로 은사요 사명으로 받은 자만의 것입니다. 특별히 독신의 은사와 사명을 받지 않은 이상 모든 사람은 "생육하고 번성하여 땅에 충만하라, 땅을 정복하라, 바다의 물고기와 하늘의 새와 땅에 움직이는 모든 생물을 다스리라"(창 1:28)라는 문화 명령에 순종해야 한다는 것이 보편적인 기독교적 성가치관입니다.

기독교 세계관 교육에 있어서 특히 성가치관 교육은 매우 핵심적인 부분입니다. 현재 공교육 현장에서 벌어지고 있는 반기독교적 교육의 상당 부분은 바로 생명, 결혼, 가정 등 성가치관에 관한 것입니다. 그런데 어느덧 동성 결혼이 합법화된 나라가 30여 개국에 달하게 되었습니다. 2001년 네덜란드를 시작으로 벨기에, 스페인, 캐나다 등 소위 선진국이라 불리는 다수의 나라가 동성 결혼을 허용하는 법을 통과시켰습니다. 우리나라에서도 입법을 추진하고 있는 차별금지법이나 생활동반자법 같은 것들이 동성 결혼의 허용에 힘을 실어 준 것이 사실입니다.

이러한 상황에서 자녀가 이와 관련해 질문할 때, 부모는 어떤 답을 들려줄 수 있을까요? 기독교적 세계관의 교육은 하나님의 창조 세계를 '창조-타락-구속-성화'의 구조로 바라보고, 지정의(知情意) 세 가지 영역에서 참된 이웃 사랑을 실천하도록 이끄는 것을 기본으로 합니다. 이것을 전제로, 자녀가 질문해 올 때 부모가 어떻게 답하면 좋을지를 질의응답 형식을 통해 성경의 건강한 추상성을 바탕으로 한 명료한 언어로 제시하고자 합니다.

성교육, 자녀에게 어떻게 해야 할까?

어린 자녀에게 성경적인 성교육을 할 때, 조급하게 성적인 지식만을 전달할 게 아니라 성경적 결혼관, 생명의 소중함과 가정의 소중함 등을 올바로 알게 하는 것이 무엇보다도 중요하다. 왜냐하면 가치관이 제대로 정립되지 않은 상태에서 성적인 지식이나 경험을 먼저 접하도록 하는 것은 조기 성애화를 부추기는 위험한 성교육이 될 수 있기 때문이다.

불의를 기뻐하지 아니하며 진리와 함께 기뻐하고, 사랑으로 모든 허물을 가려 주는 힘은 하나님의 말씀에서 나온다(고전 13:6; 잠 10:12). 죄로 죽을 수밖에 없는 생명을 살리는 힘도 주님의 말씀에서 나온다. 그런데 이 시대는 성경적 가르침을 오히려 '혐오'로 치부하고, 간음을 '사랑'으로 포장한다. 그뿐만 아니라 어느덧 교회 안에서도 비혼주의가 하나의 트렌드로 자리 잡고, 이른바 욜로(YOLO, You Only Live Once) 문화와 연합하고 있다. 비혼주의는 하나님이 주신 이른바 독신의 은사와는 전혀 다른 것이며, 왜곡된 성가치관이다. 그러나 감사하게도 결혼의 성경적 의미와 그에 대한 태도를 알리는 강의를 제대로 듣고 나면 청년들의 태도는 달라진다. "청년이여, 결혼하라!"라는 주제의 강연을 들은 수많은 청년이 "오늘 내 안에 있는 쾌락주의와 비혼주의를 직면하고 회개했습니다"라고 고백해 오곤 한다.

그러므로 크리스천 부모는 자녀에게 사랑의 바른 개념을 가르쳐야 한다. 그리고 그 사랑을 삶에서 실천하기 위해서는 구체적으로 어떤 습관을 길러야 하는지도 가르쳐야 한다. 특히 가정에서 바른 애착 경험을 하게 함으로써 궁극의 안전기지인 하나님의 사랑을 체험하게 해야 한다.

그런데 최근 '건강가족기본법' 일부 개정안은 혼인, 입양, 혈연으로 구성되는 '가족'의 법적 개념을 지웠다. 가족의 개념을 '확대'하겠다는 논리인데, 말이 확대지 실제로는 건강한 가족의 개념을 해체하는 것이 아니냐는 우려의 목소리가 커지고 있다.

2021년에 미국 퓨리서치센터(Pew Research Center)에서 17개국 성인 1만 9,000명을 대상으로 '삶의 의미'에 관해 설문조사를 한 바 있다. 국민들이 '삶의 의미'를 생각할 수 있을 만큼 여유가 있는 미국, 일본, 독일, 프랑스, 한국 등 선진국 반열에 오른 나라를 대상으로 조사한 것이다.[1]

그런데 그 결과에 큰 당혹감을 느낀 이가 많았다. '물질적 풍요'가 전체 상위 5개 항목 안에 들기는 했지만, 이것을 1순위(19%)로 꼽은 나라는 대한민국이 유일했기 때문이다. 전체 응답자 중 약 40%가 '가족'을 꼽았고, 17개국 중 14개국에서 '가족'이 1위에 오른 것과 크게 비교되는 결과였다. 우리나라는 2순위로 '건강'(17%)을 꼽았고, '가족'은 3순위 (16%)에 지나지 않았다. 이는 한국 사회에 만연한 물질만능주의를 드러 내고 있다고 해석할 수 있다. 문제는 이러한 가치관이 다음 세대에도 고스란히 영향을 끼친다는 점이다.

한국은 과거 유엔에서 원조받던 나라였지만, 단기간에 급속한 경제 성장을 이루고 오히려 유엔을 후원할 정도가 되었다. 그러나 초고속 경 제 성장, 부국 달성의 그림자로 상대적 빈곤이 두드러졌고, 한쪽에서 는 물질만능주의가 독버섯처럼 자라나고 있다. 그리고 가정의 가치를 왜곡하거나 그 의미를 해체하려는 잘못된 이데올로기가 기승을 부리 고 있다.

이렇게 물질만능주의가 팽배해진 상황에서 급기야 가족의 개념을 삭제하고 해체하려는 개정안이 연거푸 발의되고 있다. 따라서 크리스 천 양육자가 가족의 개념과 가치를 무너뜨리는 물질만능주의, 성적 자 기결정권 만능주의, 가족 해체주의에 맞서려면 적극적인 교육이 절실 함을 인지해야 한다.

가정은 그리스도의 사랑을 구체적으로 경험하고 궁극의 안전 기지인 하나님의 사랑을 체험할 수 있는 곳이다.

어린 자녀에게 성경적인 성교육을 할 때
성경적 결혼관, 생명과 가정의
소중함 등을 올바로 알게 하는 것이
무엇보다 중요하다.

Man of God

Part 1.

동성애 vs 인권

Q1.

선과 악의 절대적 구별 기준은
무엇인가요?

엄마(아빠), 학교에서 성 소수자의 인권에 관해 배웠는데, 성 소수자의 인권을 옹호하지 않는 것은 곧 '혐오'이며 인권 유린이래요. 그런데 교회에서는 동성애는 죄라고 배웠거든요. 저는 교회에 다니니까 성경 말씀대로 동성애는 하면 안 되는 것으로 생각하지만, 사실 제 주변의 99%가 동성애를 옹호하는 것 같아요. 뭐가 옳은 것인지 잘 모르겠어요.

요즘 미디어에서는 온통 동성애를 옹호하고, 미화합니다. 인권, 다양성의 인정, 성적 자기결정권 등이 중요하다고 말합니다. 심지어 동성애를 비정상적인 것으로 생각한다고 소신 발언한 연예인이 되레 철퇴를 맞고 뭇매를 맞는 것을 보게 돼요. 동성애를 반대하는 것을 일컬어 호모포비아 혹은 '젠더 폭력'이라는 말까지 생겨났습니다. 그리고 '서울특별시 학생인권조례'[1] 제5조를 보면, 학생의 차별받지 않을 권리가 나열되어 있는데, 그중에 '성적 지향'이라는 용어가 나옵니다. 성적 지향에 관한 정의당의 발의안을 보면, '동성애, 이성애, 양성애 등을 다양하게 일컫는다'고 설명되어 있습니다.

동성애뿐만 아니라 여성단체들은 낙태가 여성의 권리라고 말하는데, 성경적 관점에서 낙태는 태중의 자녀를 죽이는 죄에 해당합니다. 독일에서는 성매매를 '돈으로 주는 사랑'이라고 말하며 합법화했다는데, 우리나라에서는 성매매가 불법인 데다 성경에서도 성매매를 금하는 구절이 여럿 있습니다. 이 모든 것의 옳고 그름을 판단하는 근거가 도대체 무엇인지 자녀들은 정말로 헷갈려합니다.

동성애는 죄입니까? 아니면 보호받아야 할 인권 문제입니까? 남한테 피해 안 주고, 자기 양심에 찔리지 않으면 죄가 아닌 것일까요? 법적 처벌이 없다면 옳은 것일까요? 둘이 합의하에 성관계하면 아무 문제가 없는 것일까요? 옳고 그름, 즉 선악을 분별하는 근거가 무엇이냐는 말입니다.

이에 관한 자녀의 질문에 부모가 취하면 안 되는 태도를 먼저 알려 드리겠습니다. "야! 성경이 죄라고 하면 죄인 줄 알아!" 하고 윽박질러서는 안 됩니다. 부모가 다짜고짜 이렇게 나오면, 아이들은 당장은 입을 닫고 표현은 안 하지만 사실 귀를 닫아 버립니다. 소통이 끊어질 수 있다는 것이지요. 자녀의 눈높이에 맞추되 즉 잘못된 성가치관 공교육에 호도된 아이들을 배려는 해 주되 그들의 논리에 끌려가지 말고, 성경적 기준을 명료하게 제시할 수 있어야 합니다.

실제로 서울, 경기, 전북, 광주, 충남 등 일부 지방자치단체는 이른바 '학생인권조례'에서 동성애를 옹호하며 성적 지향을 학생이 차별받지 않을 권리로 나열하고 있습니다. 아이들은 그런 환경에서 자라나고 있습니다. 부모 세대의 정서로만 생각하면 안 된다는 말입니다.

1985년에 우리나라에 첫 번째 HIV(에이즈 바이러스) 감염 검사에서 양성 판정을 받은 사람이 나왔다는 뉴스에 온 나라가 떠들썩했습니다. 당시 에이즈는 동성애자가 주로 걸리는 병으로 알려져 수많은 언론이 동성애와 에이즈의 깊은 관련성에 관해 자주 다루었으므로, 많은 국민이 동성애는 에이즈에 걸릴 확률을 높이는 위험한 행위임을 자연스럽게 알게 되었습니다. 굳이 성경적인 성 가치관 교육을 받지 않아도 동성애는 안 좋은 것으로 인식하고 있었던 것입니다.

하지만 지금은 시대가 달라졌습니다. 우리 자녀들이 처한 현실은 180도 달라졌습니다. 어떤 언론 미디어도 성적 지향이나 동성애의 문제점에 관해 제대로 알려 주지 않고, 오히려 대개 옹호하고 미화합니다. 문제점을 지적하면 즉시 혐오자, 인권 차별자로 몰고 가는 세상입니다. 우리 자녀가 이런 현실 속에 있음을 알아야 합니다.

이것을 알고 자녀를 바라보면, 학교에서 그런 교육을 받으면서도 성경 말씀이 옳겠거니 하고 교회를 나와 주는 아이들이 너무 예뻐 보일 것입니다. 그러니 10대 아이들을 너무 몰아붙이거나 야단치지 마십시오. 오히려 자녀가 부모에게 이런 질문을 해 온다는 것은 굉장히 희망적이라는 뜻입니다. 적어도 인본주의의 극치를 달리고 있는 잘못된 성교육에 저항할 수 있는 영적인 근력이 있는 아이로 보아야 할 것입니다.

그러므로 첫째, 다그치지 말고 "정말로 네가 그런 질문을 해 와서 고맙다. 내가 봐도 그런 질문을 할 만하구나" 하고 대화를 시작하십시오.

둘째, 선악의 분별 기준은 학생인권조례도 아니고 여성가족부의 입장도 아니며 여성단체들의 입장이나 미디어의 관점도 아닌 '하나님의 말씀'임을 가르쳐 주십시오. 이는 새로울 것도 없는 얘기이지만, 진리입니다.

성경은 "악을 선하다 하며 선을 악하다 하며 흑암으로 광명을 삼으며 광명으로 흑암을 삼으며 쓴 것으로 단것을 삼으며 단것으로 쓴 것을 삼는 자들은 화 있을진저"(사 5:20)라고 말합니다. 이것을 도식화하여 자녀에게 좀 더 쉽게 알려 주길 바랍니다.

"동성애가 죄냐 아니냐, 낙태가 죄냐 아니냐, 성매매가 죄냐 아니냐"의 기준이 대체 무엇입니까? 전지전능하시고 천지 만물을 창조하시며 나를 사랑하시사 나를 위해 성육신하여 이 땅에 오셔서 내 모든 죄를 뒤집어쓰신 채 십자가에서 죽으시고 부활하셔서 믿으면 구원받게 할 만큼 우리를 사랑하시는 주님이 그분의 뜻을 활자, 즉 성경 말씀으로 보여주고 계시므로, 성경 말씀이야말로 하나님의 기준입니다. 따라서 성경에서 죄라고 하면 곧 죄인 것이라고 분명히 가르쳐 주어야 합니다.

좀 더 쉬운 주제로 접근해 보겠습니다. 살인은 왜 죄일까요? 남한테 피해를 주니까? 양심에 찔리니까? 경찰에 붙잡히면 법적 처벌을 받고 감방에 가니까? 사실, 이것들은 살인이라는 죄의 결과물에 지나지 않습니다.

살인이 죄인 이유는 하나님이 살인을 금하심으로써 실상 살인을 죄라고 말씀하셨기 때문입니다. 즉 살인은 하나님의 성품에 맞지 않는 일입니다. 하나님의 형상대로 지어진 유일한 피조물인 인간이 또 다른 인간을 임의로 해치고 죽이는 것은 하나님이 차마 용납하지 못하실 만큼 싫어하시는 일입니다. 살인은 하나님이 보시기에 좋지 않은 죄이기에 하지 말라고 말씀하십니다.

마찬가지로 도둑질은 왜 죄일까요? 남한테 피해를 주니까? 내 양심에 찔리니까? 걸리면 감방에 가니까? 이것들은 모두 도둑질의 일부 결과물에 불과합니다. 하나님이 도둑질을 죄라고 말씀하셨으므로 도둑질은 죄인 것입니다.

이처럼 모든 판단의 기준은 성경 말씀입니다. "모든 성경은 하나님의 감동으로 된 것으로 교훈과 책망과 바르게 함과 의로 교육하기에 유익하니 이는 하나님의 사람으로 온전하게 하며 모든 선한 일을 행할 능력을 갖추게 하려 함"(딤후 3:16-17)입니다. 하나님의 사람이 되어 모든 선한 일을 행할 능력을 갖추는 것이야말로 모든 믿는 자의 소망 아니니까? "풀은 마르고 꽃은 시드나 우리 하나님의 말씀은 영원히"(사 40:8) 섭니다.

> 선악의 분별 기준은
> '하나님의 말씀'임을
> 가르쳐 주십시오.

사도 요한은 "태초에 말씀이 계시니라 이 말씀이 하나님과 함께 계셨으니 이 말씀은 곧 하나님이시니라"(요 1:1)라고 말했습니다. 그렇습니다. 성경 말씀이 우리에게 하나님의 뜻을 계시해 줍니다. 말씀을 따라 하나님의 뜻에 순종하면 어떻게 됩니까? "하나님의 말씀과 기도로 거룩"(딤전 4:5)하여집니다. 즉 말씀과 기도는 크리스천의 숙명인 것입니다.

그러므로 부모는 자녀에게 이렇게 말씀해 주십시오.

"옳고 그름, 즉 선악의 판단 기준은 바로 하나님의 말씀이란다. 그러니 우리는 말씀을 기준으로 선악을 분별하면 된단다."

이어서 자녀가 이를 더욱 명료하게 인식하도록 거꾸로 질문을 던져 보십시오.

"엄마(아빠)가 예를 들어 물어볼게. 대답 한번 해 볼래? 살인은 왜 죄일까? 도둑질은 왜 죄일까?"

그러면 아이들이 이런저런 피드백을 해 올 것입니다. 제가 만난 학생들은 자신도 모르게 인본주의적인 생각에 빠져 있었음을 깨달았다고 고백합니다. 아이들이 왜 인본주의적인 사고에 빠져 있을까요? 학교와 사회에서 그렇게 교육받아 왔기 때문입니다.

"합의하에, 동의하에 성관계하는 것은 괜찮다. 다만 합의하지 않고 상대방을 건드리면 성희롱이나 성추행이나 성폭력이니 각별히 조심해야 한다. 하지만 합의했다면 괜찮다. 인간의 성관계에 있어서 가장 중요한 것은 인간끼리의 상호 존중(mutual respect)이다, 이때 잊지 말아야 할 것은 원치 않는 임신이나 성병을 방지하는 것이고, 그러려면 콘돔 같은 것을 꼭 챙겨야 한다."

인본주의적인 성교육은 합의하에 나눈 성관계는 불의한 일이 아니라는 것만 가르칩니다. 그리고 성관계는 서로를 향한 깊은 신뢰와 책임감이 생겼을 때 사랑하는 사람과 안전하게 나누는 것이라고 가르칩니다. 정말로 그렇습니까? 아닙니다. 성관계는 사랑하는 사람과 합의하에 하는 것이 아니라 평생의 돕는 배필인 배우자와 하는 것입니다. 이런 기본적이고 중요한 가이드라인이 어느덧 실종됐습니다. 하나님이 주신 결혼 제도의 원형이 사라져 가고 있기 때문입니다.

부모는 10대 자녀에게 인간은 삶의 지평 가운데서 결혼이라고 하는 지평을 통해서 배우자와 비로소 성관계를 할 수가 있음을 가르치고, 그전까지는 절제를 포함한 모든 성령의 열매를 영글게 하기 위해 성장하는 귀한 시간으로 삼아야 한다고 가르쳐야 합니다. 성경이 성적인 욕구 그 자체를 죄악시하지는 않습니다. 성경은 정확히 음욕이라는 죄를 문제시하고 있는 것입니다. 우리는 결혼을 통해 배우자와 성적 친밀함과 성관계를 할 수 있는 관계의 지평을 열어 가고, 생육하고 번성하여 땅에 충만하고 땅을 정복하고 모든 생물을 다스리는 사명을 감당하기 좋은 옥토를 만들어가는 것입니다.

물론 창세기에서 말하는 생육, 번성, 충만, 정복, 다스림의 명령에 대한 순종이 오로지 결혼 및 출산을 통해서만 가능하다는 의미는 아닙니다. 영적 자녀를 품고 구원하고 제자화하는 과정 역시 번성과 충만의 중요한 방법입니다. 그럼에도 불구하고 확실한 것은 독신의 은사나 사명을 부여받은 자가 아니라면 결혼하는 것이 하나님의 뜻임을 알아야 합니다.

합의 만능주의의 인본주의적 성교육에서 동성애 문제가 곧 인권 문제라는 궤변이 나왔습니다. "당사자끼리 합의해서 하는 건데 무슨 문제냐? 남한테 피해를 주지 않으면 괜찮은 것 아니냐?" 하고 주장합니다. 선악의 분별 기준이 인간에게 있기 때문입니다.

다시 말하지만 아이들은 인본주의적 성교육을 통해 인본주의적 성가치관, 나아가 인본주의적 세계관을 자신도 모르게 받아들이고 있습니다. 잘못된 인본주의의 잔뿌리들이 우리 안에 얼마나 뻗어져 내려가 있는지 육을 입고 있는 동안에는 미처 다 알 수가 없습니다. 그러나 하나님은 모두 꿰뚫어 보고 계십니다. 우리가 스스로 점검할 수 없을 때, 성경은 우리가 "부분적으로 알고 부분적으로 예언"(고전 13:9)한다고 단언합니다. "온전한 것이 올 때"(고전 13:10) 주께서 나를 아신 것같이 내가 온전히 알게 될 것입니다.

옳고 그름의 판단 기준은 오직 하나님의 말씀이다.

그러므로 우리가 할 수 있는 일은 말씀에 순종하는 것뿐입니다.

우리가 성경 말씀을 통해서 죄를 죄로 알게 될 때, 우리에게 오는 복은 무엇일까요? 회개할 기회입니다. 우리는 통렬한 회개를 통해 악의 길에서 돌이킬 뿐 아니라 죄와 싸울 수 있습니다. 우리가 자녀에게 악을 악으로 분별하여 말해 주지 않고 선한 것으로 포장해 가르친다면, 그것은 거짓을 가르치는 셈입니다. 게다가 아이가 회개할 기회를 박탈하는 것입니다.

"설마 교회 다니는 애가 동성애가 죄라는 걸 모르겠어요? 민망하게 그런 얘기를 꼭 해야 하나요?" 하고 묻기만 한다면, 일이 터질 때까지 방치하는 것이나 다름없습니다. 그동안 옳고 그름의 명확한 기준을 가르쳐 주지 않은 것은 아닌지 스스로 되돌아봐야 합니다. 성경은 아이에게 "마땅히 행할 길"을 가르치라고 말합니다(잠 22:6). 마땅한 진리를 가르치십시오. 가르치지 않으면, 되레 마땅하지 않은 것을 배우게 됩니다. 말씀을 충분히 강론해 주었다면 아이들이 "동성애가 죄예요? 아니에요?" 하고 물을 정도로 갈팡질팡하지는 않았을 것입니다.

옳고 그름, 즉 선악의 판단 기준은 하나님의 말씀입니다. 이 명확한 진리를 자녀에게 분명히 가르쳐 주십시오.

결혼과 문화 명령

여호와 하나님이 이르시되 사람이 혼자 사는 것이 좋지 아니하니 내가 그를 위하여 돕는 배필을 지으리라 하시니라 **창 2:18.**

결혼은 인간의 독처(獨處), 즉 아담의 독처를 목도하신 하나님이 이를 좋지 않게 보시고 주신 제도다. 인간이 외로움과 결핍을 스스로 느끼기도 전에 하나님이 먼저 주신 제도가 바로 결혼 제도인 것이다. 아담과 하와가 선악과를 따 먹기 전, 즉 인간이 죄악을 저지르기 전에 창조의 원형인 샬롬의 세상에서 하나님은 인간에게 서로 돕는 배필, 곧 배우자를 두는 제도를 주셨다. 결혼은 사람이 스스로 택한 제도가 아닌 하나님이 주신 제도로 결혼의 역사는 인류의 역사와 동일하다.

그런즉 이제 둘이 아니요 한 몸이니 그러므로 하나님이 짝지어 주신 것을 사람이 나누지 못할지니라 하시니 **마 19:6.**

하나님이 천지를 창조하시고, 인간을 남녀로 창조하셨다. 또한 예수님은 남자와 여자와의 결혼을 분명히 하셨다. 이는 결혼이 남자와 여자의 구별을 전제로 하며, 성별(性別)은 결혼 제도라는 중요한 질서의 첫 단추라고 할 수 있다.

예수께서 대답하여 이르시되 사람을 지으신 이가 본래 그들을 남자와 여자로 지으시고 말씀하시기를 그러므로 사람이 그 부모를 떠나서 아내에게 합하여 그 둘이 한 몸이 될지니라 하신 것을 읽지 못하였느냐 마 19:4-5.

성관계는 80억 인구 누구에게나 허락된 것이 아니라 결혼한 부부 사이에 허용된 것이다. 즉 배우자만이 성적인 관계를 나눌 수 있는 유일한 대상임을 말한다. 성경은 결혼과 성관계에 관하여 다음과 같이 엄중하게 명령한다.

모든 사람은 결혼을 귀히 여기고 침소를 더럽히지 않게 하라 음행하는 자들과 간음하는 자들을 하나님이 심판하시리라 히 13:4.

남편은 그 아내에 대한 의무를 다하고 아내도 그 남편에게 그렇게 할지라 아내는 자기 몸을 주장하지 못하고 오직 그 남편이 하며 남편도 그와 같이 자기 몸을 주장하지 못하고 오직 그 아내가 하나니 서로 분방하지 말라 다만 기도할 틈을 얻기 위하여 합의상 얼마 동안은 하되 다시 합하라 이는 너희가 절제 못함으로 말미암아 사탄이 너희를 시험하지 못하게 하려 함이라 고전 7:3-5.

성경은 독신의 은사 혹은 사명을 매우 귀하게 여기고, 실제로 이 은사를 부여받은 자들이 존재한다. 그러나 독신의 은사를 받은 자가 아니라면, 음욕의 죄악을 저지르지 않고 성화의 길로 매진할 수 있도록 배우자를 둘 것을 명하고 있다. 이는 결혼의 의미를 폄하하는 것이 아니며, 신앙적으로 매우 중요하고 실질적인 부분이다.

　즉 기독교는 음욕의 죄악을 저지르지 않기 위해 배우자를 두는 것, 곧 결혼하는 것을 전혀 비참하게 생각하지 않는다. 거룩하게 살고 음욕의 죄를 저지르지 않음으로써 개인의 영성을 지켜 나가고 신앙 공동체의 안녕을 지켜 나가는 것은 비참한 일이 아니다. 나아가 배우자는 서로를 사랑하고 존경하며 그리스도 안에서 한 몸처럼 대해야 한다.

　그러나 너희도 각각 자기의 아내 사랑하기를 자신같이 하고 아내도 자기 남편을 존경하라 엡 5:33.

　결론적으로 성경은 그리스도께서 교회를 위하여 죽으셨듯이, 또 성도가 그리스도를 위해 순교하듯이 배우자끼리 서로를 위해 죽을 수 있는 관계로서의 부부 관계를 제시한다. 즉 복음을 이 땅 가운데 눈에 보이는 형태로 재현한 것이 곧 결혼이라는 것이다.

　남편들아 아내 사랑하기를 그리스도께서 교회를 사랑하시고 그 교회를 위하여 자신을 주심같이 하라 엡 5:25.

선악의 분별 기준은
학생인권조례도 아니고
여성가족부의 입장이나
미디어의 관점도 아닌
오직 성경 말씀이다.

Q2.

동성애는 동성 간의 사랑 아닌가요?
사랑을 왜 반대하죠?

엄마(아빠), 동성애(同性愛)는 같은 성(性)끼리 사랑하는 것 아닌가요? 사랑을 왜 반대해야 하죠? 이해가 안 돼요.

국립국어원 표준국어대사전은 동성애를 '동성 간의 사랑 또는 동성에 대한 사랑'이라고 정의하고 있습니다.[1] 그런데 이 정의가 동성애 옹호 단체들의 요구로 상당히 미화된 결과물임을 아는 사람은 드뭅니다. 동성애를 동성 간의 사랑, 즉 남자끼리의 사랑 혹은 여자끼리의 사랑으로 정의하는 것은 오류입니다.

동성애를 가리키는 영어 단어 호모섹슈얼리티(homosexuality)는 전 세계적으로 통용되는 정신분석학적 전문 용어입니다. 호모섹슈얼리티는 '동질의' '동일한'이라는 뜻의 접두사 '호모(homo)'와 '성행위'를 뜻하는 '섹슈얼리티(sexuality)'가 합쳐진 단어로 '동성 간의 성적 끌림'과 '동성 간의 성행위'를 의미합니다.

김조광수 씨의 동성결혼 합법화 소송(가족관계등록 공무원의 처분에 대한 불복신청)에서 각하 결정을 받아 낸 조영길 변호사는 "동성애, 즉 호모섹슈얼은 동성 간의 성행위로 귀결되는 행위이지 동성 간의 우정이나 성경이 말하는 사랑이 아닙니다. '동성 간의 성행위' [2] 로 표현하는 것이 정확합니다"라고 말했습니다.

동성애를 단순히 '동성 간의 사랑 또는 동성에 대한 사랑'이라고 정의해서는 안 됩니다. 아들을 사랑하는 아버지와 아픈 부하를 위해 예수님을 찾아 나선 백부장과 중풍에 걸린 친구를 예수님께 데려가기 위해 지붕을 뚫고 침대를 내린 친구들과 열두 제자를 사랑하시는 예수님이 모두 동성애를 한다는 뜻입니까? 아니지요. 왜 아닐까요? 성적인 끌림이나 성행위와는 상관없기 때문입니다. 동성 간의 아가페적 사랑이나 헌신적인 우정이나 한없는 긍휼은 동성애와는 전혀 다른 것입니다.

성경에서 말하는 사랑은 단순한 감정의 요동이나 끌림이나 어떤 로맨틱한 상황의 연출이 아닙니다. 공중에 붕 뜬 듯한 황홀함을 아가페라고 표현하는 것도 아닙니다. 성경이 말하는 사랑 즉 아가페는 하나님의 형상대로 지음 받은 생명을 구원하고 그들을 더욱 하나님과 가까워지도록 인도하기 위해 헌신하는 의지와 태도를 의미합니다.

그래서 예수님은 베드로에게 "요한의 아들 시몬아 네가 나를 사랑하느냐" 하고 물으시고는 그가 "주님 모든 것을 아시오매 내가 주님을 사랑하는 줄을 주님께서 아시나이다"라고 대답하자 그에게 "내 양을 먹이라"라고 말씀하신 것입니다(요 21:17). 또한 예수님을 진정으로 사랑하는 사람이라면 그가 가진 모든 것, 심지어는 생명까지도 주님이 사랑하시는 영혼들을 위해 바칩니다. "많은 사람을 옳은 데로 돌아오게"(단 12:3) 하는 영혼 구원의 사역이야말로 성경이 말하는 진정한 사랑입니다.

이처럼 크리스천은 동성이든 이성이든, 부자든 가난한 자든, 병든 자든 건강한 자든 다 주님의 뜻 안에서 서로 사랑하고 긍휼히 여기며 그 영혼이 잘되기를 소망합니다. 그러나 이러한 사랑이라는 단어의 범주 안에 동성연애, 즉 동성 간의 성적 끌림이나 성행위는 포함되지 않습니다.

우리가 우리 주변의 이웃을 아가페 즉 하나님의 마음으로 사랑하고 긍휼히 여기는 마음으로 영생을 주고자 하여 헌신함에도 불구하고 우리의 이웃들은 우리에게 오히려 거짓말로 거슬려 악한 말을 하고 오히려 돌을 던질 수도 있습니다. 그럼에도 불구하고 사랑 즉 아가페는 오래 참고, 온유하며, 시기하지 아니하며, 교만하지 아니하며, 무례히 행치 아니하며, 자신의 유익을 구하지 아니하며, 성내지 아니하며, 악한 것을 생각하지 아니하며, 불의를 기뻐하지 아니하며, 진리와 함께 기뻐하며, 모든 것을 믿으며 참으며 바라며 견디는 것입니다.

사랑, 즉 아가페는 언제까지나 떨어지지 아니하되 예언도 폐하고 방언도 그치고 지식도 폐할 것이고, 결국 사랑만이 최고의 유일한 가치로 남게 됩니다. 이것은 간음과 동일시될 수도, 되어서도 안 되는 단어입니다.

에로스와 아가페

'사랑'에 관하여 논할 때, 사람들은 '에로스'와 '아가페'를 떠올린다. 에로스는 '조건적 끌림'으로 '당신의 ~로 인해 끌린다'라는 조건이 붙는다. 청년의 때, 특히 신혼 때는 에로스가 가장 넘치는 시기다. 그러나 성경은 우리의 "겉사람"은 나날이 낡아 간다고 분명히 말한다(고후 4:16). 얼굴 살이 처지고 머리카락이 희끗해지며 이가 빠지고 등이 굽고 배가 나오는 현상, 이것이 곧 겉사람의 낡아짐이다. 이에 따라 에로스는 줄어들게 된다.

그런가 하면 아가페는 무조건적 사랑이다. 상대방의 외모가 볼품없어지고 몸짓이 둔해져도 그리스도의 사랑으로 더욱 사랑하게 되는 것이 바로 아가페 사랑이다. 그러므로 부부가 주님 안에서 연합하여 각각 성장하고 있다면, 이들 사이의 '아가페'도 커지게 된다. 결혼이라는 연합 안에서 시간이 갈수록 에로스는 줄어들지만, 아가페는 날로 커지는 것이다.

성경적으로 볼 때, 동성연애는 회개해야 할 죄일 뿐입니다. 우리는 동성애와 사랑을 동일시하는 세상 문화에 속지 말아야 합니다. 동성애는 고귀한 사랑이 아니라 성경이 금하고 있는 간음의 한 형태에 지나지 않습니다. 한마디로 동성 간에 이루어지는 정신적·육체적 간음이라고 할 수 있습니다.

동성애 (동성 연애)
=homosexuality
=homo+sexuality

사랑 (성경적 사랑)

그러므로 부모는 자녀에게 간음과 사랑, 간음과 사랑의 차이를 가르치고, 구별할 수 있도록 교육해야 합니다. 특히 10대 자녀들이 우정과 동성 간의 성적 끌림을 혼동하지 않도록 도와야 합니다.

R. C. 스프라울이 이런 말을 했습니다.[3)]

"성경은 사랑이 제일이라고 말한다. 이제 세상도 사랑이 최고라고 말한다. 그런데 사랑이 무엇인지 정확하게 알려 주지도 않은 채 사랑이 최고라는 말만 반복하는 것은 도덕률의 폐기가 될 수 있다."

그렇습니다. 사랑이 무엇인지 가르쳐 주지 않고, 성경적인 관점도 가르쳐 주지 않은 채로 사랑이 최고라는 말만 반복하는 것은 주문 그 이상도 그 이하도 아니라는 것입니다. 성관계는 부부가 하는 것입니다. "동성끼리 사랑하는 것은 죄악이다"라는 메시지는 동성연애에 관해 혼란을 줄 수 있는 표현입니다. 즉 동성애가 동성 간의 사랑이라고 혼란을 겪게 만들 수 있습니다. 그러므로 "동성끼리 성관계를 맺는 것은 죄악이다. 결혼은 한 남자와 한 여자의 연합이며 성관계는 배우자와 하는 것이다"라고 수정해야 옳습니다. 그래야만 아이들이 간음했는지 안 했는지를 스스로 점검할 수 있고, 만일 간음했더라도 회개할 수 있습니다.

성관계의 정의를 정확히 알기만 해도 동성 간의 성행위가 간음임을 알 수 있다.

동성애를 하는 경우에도 서로를 애틋하게 아끼는 마음이 수반되기도 합니다. 단순히 성행위로만 끝나지 않고 마치 커플처럼 지내는 사람들도 있지만, 그 애틋한 마음을 나무라는 것이 아니라 동성연애를 하는, 즉 간음을 하는 것은 반드시 회개해야 할 부분임도 알려 주어야 합니다.

우리가 창조주께서 피조물인 우리를 위해서 죽으신 적이 있다는 사실을 잊어서는 안 됩니다. 성경은 메시아로 오신 예수님에 관해 이렇게 말합니다.

그는 근본 하나님의 본체시나 하나님과 동등됨을 취할 것으로 여기지 아니하시고 오히려 자기를 비워 종의 형체를 가지사 사람들과 같이 되셨고 사람의 모양으로 나타나사 자기를 낮추시고 죽기까지 복종하셨으니 곧 십자가에 죽으심이라 빌 2:6-8.

우리는 이러한 사랑을 받아 온 존재입니다. 그리고 지금도 그러합니다. 오래 참으시는 하나님은 우리가 회개하며 주님께 나아가면 우리의 상한 마음을 받으시고 우리를 기쁘게 받아 주십니다. 선지자 사무엘은 "순종이 제사보다" 낫다고 말합니다(삼상 15:22). 순종은 우리가 주님께 보일 수 있는 최고요 최선의 사랑입니다. 이웃 사랑도 마찬가지입니다.

동성연애는 죄니 이를 방지하기 위해 청소년 시기에 이성간 연애를 하도록 권장하는 것이 좋을까요?

우정의 중요성

동성 간 성적 끌림이나 성적 행위를 수반하는 것이 동성애이며 이것이 간음의 일종이라고 말하면 동성연애와 맞서 싸우기 위해 이성 연애를 많이 하도록 권장하는 것이 나은가 하는 질문을 받은 적이 있다.

그런데 청소년기 동성애를 금하고자 이성 간의 연애를 부추기는 것은 바람직하지 않다. 이성 교제보다 우정, 동기간의 형제애 혹은 자매애, 가족애를 충분히 누리며 신앙의 자산을 쌓아가는 시간이 되도록 독려하는 것이 유익하다.

성경에는 '청소년'이라는 단어가 등장하지 않는다. 대신 '청년'이라는 단어는 여든일곱 번이나 등장한다. 성경은 청소년을 포함한 청년의 때에 어떤 신앙 자세를 가져야 하는지를 가르쳐 준다.

성경은 인간의 성욕 자체를 죄악시하지는 않는다. 다만 정욕을 따라 음행하는 음욕을 죄악시하며 음행으로 빠질 만한 길은 애초에 서지도 말 것을 명령한다. 그러나 실족하여 간음죄를 저질렀더라도 악한 길에서 떠나 진정으로 회개하면, 하나님이 그 죄를 사하여 주신다고 말한다.

최근 들어 교회 안에서도 연애에 대한 고민 상담을 신청해 오는 연령이 점점 낮아지고 있다. 10대 청소년이 어떻게 하면 성경적으로 연애할 수 있을까에 관해 상담하는 경우도 많다.

우선, '연애'란 무엇인가? 국립국어원은 연애를 '성적인 매력에 이끌려 서로 좋아하여 사귐'이라고 정의하고 있다. 즉 이는 우정과는 다른 측면의 이성 관계다. 그런데 성경적인 연애라 하면, 남녀 간의 성적인 끌림이라는 점 외에도 다른 조건이 필요하다. 연애란 단순한 사귐이 아니라 상대방이 하나님이 맺어 주시고자 하는 바로 그 배우자인지 아닌지를 눈치채고 응답받아 가는 여정이기 때문이다. 따라서 '하나님, 이 사람이 바로 하나님이 제 배우자로 기뻐하시는 사람인가요? 제가 이 사람을 위해 어떤 준비를 하길 원하시나요?' 등을 기도하며 교제하는 과정이 곧 성경적인 연애라고 할 수 있다. "절대 너와 결혼은 하지 않을 거고 그냥 연애만 할 거야"라고 말하는 사람과 진솔한 연애를 하기란 사실상 불가능하다. 오히려 매우 불쾌한 연애가 되며 성경적이지도 않다.

성경적 연애관은 단순한 남녀 간의 성적 끌림보다 더 중요한 의미를 추구하며, 연애 기간이란 결혼을 향해 나아가는 과정으로 보므로 그런 의미에서 볼 때 최근 인기를 끈 어느 가요에 나오는 "결혼은 선택, 연애는 필수"라는 가사는 성경적인 관점으로 볼 때 적절하지 않다. 오히려 "결혼은 필수, 연애는 선택"이라고 말하는 것이 성경적이다.

청소년기에는 연애보다는 우정을 나누는 경험을 하는 것이 더욱 중요하다. 아동 발달과 관련된 국제 학술지 중 "장기적으로 본 낭만적 삶의 만족도 예측 요인으로서의 청소년 또래 관계"라는 보고서가 있다. 2019년 미국 버지니아 대학교 연구진 등이 발표한 이 보고서에 따르면, 청소년 시절에 이성과의 연애에 시간을 보낸 아이들보다 동성 친구와의 우정에 시간을 투자한 아이들이 성인이 된 후에 더 성공적인 이성 교제 관계(romantic life) 등 다양한 측면에서 인간관계를 더 잘 맺는다고 한다.[4]

즉 청소년기에는 동성 친구와의 진솔한 우정을 통해 인간관계의 기술(social development task)을 쌓는 것이 중요하다는 뜻이다. 우정을 통해 안정감, 친밀감, 소통 능력 등을 배우며 이를 내적 자산으로 확보하게 된다. 이 시기가 성년 이후 결혼을 전제로 한 건강한 이성 교제의 밑거름이 됨을 알 수 있다.

이 보고서는 13세 청소년 165명이 20대 후반의 성년이 될 때까지 관찰하며 인터뷰한 결과다. 친구와 연애 관계에 관한 당사자의 진술은 물론 친구들의 평가를 참고했으며, 연구 참가자들이 20대 후반이 됐을

10대에게는 연애보다 우정이 중요하다.

때 매년 본인이 경험 중인 이성 교제의 만족도에 관해 인터뷰하는 방식으로 진행됐다.

10대의 연애가 가지는 위험성

어느 학부모가 내게 상담을 요청해 왔다.

"우리 아들이 연애한 지 반년 정도 됐어요. 아들과 사귀는 여자아이도 우리 교회에 다니는 아이입니다. 둘 다 같은 청소년부에서 신앙생활을 하는 거죠. 그런데 요즘 이 아이들이 아파트 단지 내 으슥한 곳에서 손잡고 걷다가 저랑 마주치면 멋쩍어하며 뚝 떨어져서 얼굴을 붉히곤 해요. 또 학원이 끝난 다음에도 만나는지 전보다 귀가 시간이 늦어지고 있어요. 아무래도 아이들이 스킨십을 하는 것 같아요. 연애란 게 그렇긴 한데, 요즘 뉴스를 보다 보면 엄마로서 좀 걱정되기도 하고요. 연애하는 아이들에게 스킨십을 어디까지 허용해야 할까요? 아직 미성년자인데, 기독교 성교육에서 말하는 청소년 연애와 스킨십에 관한 바람직한 가이드라인이 필요해요."

기독교 성교육에서는 소위 연애 '시기'와 '상대방'에 관한 기본 원칙이 건강한 연애에 중요한 요소다. 즉 결혼이 가능한 나이에 결혼이 가능한 상대방과 연인이 됨을 전제로 연애를 논해야 한다는 것이다. 유부남 같이 결혼이 불가능한 상대임을 알고도 하는 연애는 간음이다. 또한 아무리 응답을 받는다 해도 결혼할 수 없는 연령(민법 807조, 만 18세 미만인 미성년자)의 연애는 성경적으로 건강한 연애라고 할 수 없다. 또 성적으로 친밀감을 나누는 스킨십이 일어날 수 있음을 전제해야 한다.

친구로써의 만남이 아닌 성적 끌림으로써의 이성과의 만남, 즉 연애를 시작한 청소년들이 겪는 어려움에 관해 많은 학자가 논한 바가 있다.

첫째, 성적 일탈의 위험성이 크다. 청소년기는 발달 특성상 성적인 욕구와 충동, 호기심이 뚜렷하게 나타나지만, 그에 비해 인내심과 절제, 정신화(mentalization)는 성년에 비해 부족하다는 특징이 있다. 또한 신체적으로 이차 성징이 뚜렷하게 나타나는 청소년기에는 호르몬 분비가 왕성해진다. 남성호르몬인 테스토스테론은 성적 충동과 관련된 호르몬으로, 일명 '성욕 호르몬'으로 불린다. 남학생의 경우, 여학생보다 테스토스테론의 혈중 농도가 10배나 높다. 이성 관계에서 성적인 부분을 성숙하게 협상하는 것이 청소년들에게 어려움으로 다가오는 데는 이러한 심리적 원인 및 생물학적 원인이 복합적으로 작용한다는 이유가 있다.

미국정신과학회는 청소년기의 성관계는 원하지 않은 임신이나 성적 질병을 유발할 위험이 크다고 봤다. 2009년 콜린스(Andrew W. Collins) 박사 팀의 보고서에는 미성년자의 절제되지 않은 성적 행위들은 우울증, 폭력, 약물 남용, 가정의 불화, 낮은 성적 등 많은 부정적인 행동들과 연관성이 높다는 연구 결과들이 소개되어 있다.[5]

둘째, 청소년기의 이성 교제는 연애의 종말에 효과적으로 대응하지 못한다는 것이다. 미성년자의 이성 교제 경험에서 가장 부정적인 정서를 유발하는 것은 바로 연애의 종말, 곧 헤어짐인 경우가 많은 것으로 조사됐다. "청소년기의 사건 및 우울증 : 주요 우울 장애의 첫 발생에 대한 잠재적 위험 요소로서의 관계 상실"이라는 논문에서 몬로우(Scott Monroe) 박사 팀은 "헤어짐은 청소년의 우울과 자살 시도의 가장 큰 예

측 요인 중 하나"라고 주장했다.[6]

청소년 시절의 이성 교제는 결혼으로 연결되는 경우가 확률적으로 낮다. 보통 청소년 시기에 그 관계가 끝나지만, 청소년들은 이러한 상실감에 효과적으로 대응하지 못한다. 따라서 청소년이 이성 교제를 하는 기간, 무엇보다 이성 교제가 끝난 후에 그 슬픔을 이겨 내기 위해서는 엄청난 정서적인 지지가 필요하며, 이를 심각하게 받아들일 필요가 있다.

그러므로 연애 중인 10대 자녀의 스킨십을 어떻게 받아들여야 하느냐는 학부모의 질문에는 이렇게 답하는 것도 나쁘지 않다.

"미끄럼틀 위에 공을 올려 두면 만유인력의 법칙으로 저절로 아래로 굴러가듯, 성적인 충동 역시 연애 도중 자연스럽게 더 깊은 관계를 원하는 쪽으로 흐르게 됩니다. 그런 경우 결혼으로 가정을 이루게 되죠. 그러나 미성년자의 연애는 다릅니다. 만 18세가 아니기에 결혼할 수 없고, 결국 헤어짐을 통해 견디기 힘든 상실감을 경험하게 됩니다. 혹은 충동적으로 성관계를 하게 되고, 때로는 낙태로 연결되기도 합니다. 예를 들어, 중학생이라면 연애 도중 성적인 친밀함을 깊게 나누고자 하는 욕구, 혹은 성관계 욕구가 생겨도 결혼이라는 지평을 통해 그 욕구를 정당하게 열어 갈 수 없는 나이입니다.

그러므로 미성년자에게 '뽀뽀까지는 괜찮아. 손잡는 것까지는 괜찮아. 꺼안는 것까지는 괜찮아'라며 현실성 없는 연애 가이드라인을 주어서는 안 됩니다. 성경적으로 건강한 연애를 위해 결혼할 수 있는 시기를 설명해 주어야 합니다. 만약 결혼이 가능한 시기가 아니라면 그 연애를 미루는 지혜도 필요합니다."

미끄럼틀 위에 공을 올려 두면 저절로 아래로 굴러 가듯, 연애 기간
에 성적인 충동 역시 자연스럽게 커진다. 하지만 미성년자의 경우
그 욕구를 잘 절제하고 승화시키기가 힘든 경우가 많다.

　　이미 혼외 성행위를 통해 간음을 경험함으로써 괴로워하는 자녀가
있을 수 있다. 그들에게는 하나님께 회개하고 용서받는 삶의 중요성을
일깨우고, 그들이 사랑과 용서의 하나님께 나아가도록 지도해야 한다.
또한 성경이 인간의 성적인 욕구 자체를 죄악시하거나 성행위를 금지
하는 극단적 금욕주의를 강요한다는 오해가 없도록 훈육해야 한다.
　　10대의 연애 자체가 죄라는 말이 아니다. 그러나 실족의 길로 가기
쉬운 문 역할을 할 수 있다는 뜻이다. 양육자는 이미 연애 중인 미성년
자녀에게는 지혜롭게 '보류' 할 것을 권해 보는 것도 좋다.

Q3.

**동성애가 죄라면
동성애자는 죄인이라는 건데,
이건 일종의 혐오 아닌가요?**

엄마(아빠), 동성애가 죄라면 동성애자는 죄인이 되는 거잖아요. 그건 왠지 동성애자를 미워하라는 뜻 같아서 마음이 무거워요. 이건 일종의 혐오 아닌가요?

죄인을 향한 하나님의 시선은 확고합니다.

우리가 아직 죄인 되었을 때에 그리스도께서 우리를 위하여 죽으심으로 하나님께서 우리에 대한 자기의 사랑을 확증하셨느니라 롬 5:8.

하나님은 "우리가 아직 죄인 되었을 때"부터 내내 우리를 사랑하셨습니다. "죄의 삯은 사망이요 하나님의 은사는 그리스도 예수 우리 주 안에 있는 영생"(롬 6:23)이기에 우리를 사랑하신 주님은 우리 죄를 대신 짊어지고 십자가에서 죽으셨고, 이것이 죄인을 향한 하나님의 마음입니다. "사랑하시되 끝까지 사랑"(요 13:1)하시는 아가페의 참된 사랑을 보여 주셨습니다.

그러나 죄인 된 우리를 위하여 독생자를 보낼 만큼 우리를 사랑하시는 하나님이 죄의 근원인 "악"은 한결같이 미워하십니다 (잠 8:7,13; 롬 12:9). 즉 하나님은 죄인은 사랑하시나 죄는 미워하신다는 뜻입니다.

만약에 자녀가 도둑질하고 집에 들어왔다면, 어떻게 하시겠습니까? 부모라면 그럼에도 불구하고 자녀를 여전히 사랑할 것입니다. 설사 자녀가 죄인이 되었을지라도 부모의 사랑은 변함없습니다. 그러나 도둑질이라는 죄까지 사랑할 수는 없습니다. 자녀에게 "도둑질은 죄야. 훔친 물건을 당장 돌려주고 용서를 빌어라" 하고 깨우치며 타이르는 것이 부모의 사랑입니다.

자녀가 구원받고 하나님 닮아가기를 바라는 부모가 "도둑질이라도 네가 결정한 일이니 너의 결정을 존중한다. 너의 인권을 침해하지 않을게. 네가 계속 도둑질하고 싶다면, 응원하마" 라며 죄인과 그 죄인의 죄악을 동시에 응원할 수는 없겠지요? 죄악의 길로 향하는 자녀의 영혼을 보면서도 말리지 않거나 도리어 칭찬하며 응원하는 것은 그 영혼을 심판의 길로 미혹하는 것이며 회개의 기회를 빼앗는 것입니다. 이것이 그 영혼을 살리고 옳은 생명의 길로 오게 하는 성경적 사랑입니까? 아닙니다.

죄와 사람은 분리해서 생각해야 합니다. 즉 죄인과 죄를 대하는 태도가 명징하게 드러나 있는 성경의 말씀대로 우리는 이 둘을 거룩한 분화(分化)의 시선으로 바라보아야 합니다. 옳고 그름의 판단 기준은 말씀이라고 했습니다. 그러므로 죄인을 향한 하나님의 여전한 사랑과 죄악을 향한 미움에 관한 성경 구절을 떠올려야 합니다.

사랑은 "불의를 기뻐하지 아니하며 진리와 함께 기뻐"(고전 13:6)한다고 했습니다. 기뻐할 대상과 기뻐하지 않을 대상을 분별할 줄 알아야 합니다. 이것은 분별 자체가 목적이 아니라 사랑을 이루기 위한 분별인 것입니다. 우리는 죄인을 사랑해도 죄와는 싸워야 합니다.

그렇다면 우리는 동성애와 동성애자를 어떻게 대해야 할까요? 고민할 게 뭐가 있습니까? 동성애자든 아니든 인간은 누구나 하나님의 형상대로 지음 받은 존재이며 우리 이웃입니다. 그러므로 그들을 향한 우리 태도도 똑같아야 합니다. 예수님의 복음을 전하여 구원의 길로 인도해야 하고, 예수님을 믿는 사람이라면 더욱 잘 믿도록 도와야 할 것입니다. 그리고 "너는 가서 죄짓지 말아라." 말해 주어야 합니다. 그것이 예수님이 우리를 사랑하시는 방식이었습니다.

주님은 죄인들에게도 영원히 목마르지 아니할 생수를 주겠다고 하셨습니다. 비록 죄인이라 할지라도 예수님을 영접하여 회개하면 구원하시고 영생을 선물로 주십니다. 주님은 간음하다가 잡혀 온 여인에게 "나도 너를 정죄하지 아니하노니 가서 다시는 죄를 범하지 말라"(요 8:11)라고 말씀하셨습니다.

이쯤 되면 자녀가 이런 질문을 할 수 있습니다.

"맞아요. 엄마(아빠), 예수님은 약자나 죄인들과 함께하셨잖아요. 아마 지금 다시 오신다고 해도 또 그러실 거예요. 그러니까 동성애자들과도 함께하시지 않을까요? 그런데 왜 교회에서는 자꾸 동성애를 죄라고 말하죠?"

이제 이 질문이 상당히 모순적이고 이상하다는 걸 느끼십니까? 자녀는 아직도 죄와 죄인을 분리하지 못한 채 묻고 있습니다. 그렇죠. 주님이 다시 오신다고 해도 죄인과 함께하실 것입니다. 동성애자와도 함께하실 겁니다. 그런데 같이하시는 이유가 무엇이냐는 겁니다.

"동성애 문제는 인권 문제이니 각자 성적 자기결정권으로 다양성을 존중받고 배려받아야 한다. 그러니 네가 원하는 대로 동성애를 맘껏 즐겨라."

이렇게 말씀하실까요? 아닙니다. 주님은 늘 죄인과 함께하셨지만, 죄를 악으로 지적하시고, 회개하고 죄와 싸워 이겨서 다시는 죄짓지 말라고 명하셨습니다. 죄인을 사랑하셨지만, 죄에 대해선 언제나 단호하셨습니다. 심지어 "만일 네 오른 눈이 너로 실족하게 하거든 빼어 내버리라 네 백체 중 하나가 없어지고 온몸이 지옥에 던져지지 않는 것이 유익"(마 5:29)하다고까지 말씀하셨습니다. 이것은 "네가 상습적으로 죄에 무릎 꿇다가 지옥 불에 던져지기 전에 눈을 뽑는 고통을 감수하고서라도 죄와 싸워 이겨라. 내가 너를 다시 온전케 해 줄 테니 피투성이가 되더라도 죄와 싸워라" 하고 격려하고 응원하시는 말씀입니다.

자녀가 "동성애를 죄라고 하는 게 왠지 동성애자를 미워하라는 뜻 같아서 마음이 무거워요. 이건 일종의 혐오 아닌가요?" 하고 물으면, 주님이 죄인을 사랑하시되 죄는 미워하셨다는 사실을 일깨워 주며 동성애가 죄라는 지적이 곧 동성애자를 미워하라는 뜻은 아님을 분명히 가르쳐 주십시오. 혐오가 아니라 동성애라는 죄를 더는 짓지 말고, 회개하기를 바라는 사랑의 마음임을 죄와 죄인에 관한 여러 성경 이야기를 예로 들어 이해하기 좋게 설명해 주면 좋겠습니다.

여호와를 경외하는 것은 악을 미워하는 것이라 **잠 8:13**.

죄와 사람은 분리해서 생각해야 합니다. 마찬가지로 동성애는 미워하되 동성애자는 사랑의 대상임을 잊지 말아야 합니다.

Part 2.

성경과 동성애

Q4.

성경에도 동성애에 관한 얘기가 있나요?

엄마(아빠), 성경에서 '동성애'라는 단어를 본 적은 없는 것 같아요. 성경이 정말로 동성애를 금하고 있나요?

성경에는 동성애 대신에 '남색', '역리', '부끄러운 일' 등의 다른 표현을 쓰고 있습니다. 즉 동성애가 죄일 뿐 아니라 하나님이 미워하시는 죄임을 분명히 밝히고 있습니다.

음행하는 자와 남색하는 자와 인신매매를 하는 자와 거짓말하는 자와 거짓 맹세하는 자와 기타 바른 교훈을 거스르는 자를 위함이니 딤전 1:10.

불의한 자가 하나님의 나라를 유업으로 받지 못할 줄을 알지 못하느냐 미혹을 받지 말라 음행하는 자나 우상 숭배하는 자나 간음하는 자나 탐색하는 자나 남색하는 자나 도적이나 탐욕을 부리는 자나 술 취하는 자나 모욕하는 자나 속여 빼앗는 자들은 하나님의 나라를 유업으로 받지 못하리라 고전 6:9-10.

이 때문에 하나님께서 그들을 부끄러운 욕심에 내버려 두셨으니 곧 그들의 여자들도 순리대로 쓸 것을 바꾸어 역리로 쓰며 그와 같이 남자들도 순리대로 여자 쓰기를 버리고 서로 향하여 음욕이 불 일 듯하매 남자가 남자와 더불어 부끄러운 일을 행하여 그들의 그릇됨에 상당한 보응을 그들 자신이 받았느니라 롬 1:26-27.

이 밖에도 창세기, 레위기, 신명기, 욥기, 로마서, 고린도전서, 디모데전서, 유다서 등에서 동성 간의 성행위를 금지하는 말씀을 여러 곳에서 찾아볼 수 있습니다.

이스라엘 여자 중에 창기가 있지 못할 것이요 이스라엘 남자 중에 남창이 있지 못할지니 창기가 번 돈과 개 같은 자의 소득은 어떤 서원하는 일로든지 네 하나님 여호와의 전에 가져오지 말라 이 둘은 다 네 하나님 여호와께 가증한 것임이니라
_신 23:17-18.

너는 여자와 동침함같이 남자와 동침하지 말라 이는 가증한 일이니라   _레 18:22.

누구든지 여인과 동침하듯 남자와 동침하면 둘 다 가증한 일을 행함인즉 반드시 죽일지니 자기의 피가 자기에게로 돌아가리라
_레 20:13.

그 땅에 또 남색하는 자가 있었고 여호와께서 이스라엘 자손 앞에서 쫓아내신 국민의 모든 가증한 일을 무리가 본받아 행하였더라
_왕상 14:24.

남색하는 자를 그 땅에서 쫓아내고 그의 조상들이 지은 모든 우상을 없애고
_왕상 15:12.

여호사밧의 남은 사적과 그가 부린 권세와 그가 어떻게 전쟁하였는지는 다 유다 왕 역대지략에 기록되지 아니하였느냐 그가 그의 아버지 아사의 시대에 남아 있던 남색하는 자들을 그 땅에서 쫓아내었더라
_왕상 22:45-46.

또 여호와의 성전 가운데 남창의 집을 헐었으니 그 곳은 여인이 아세라를 위하여 휘장을 짜는 처소였더라
_왕하 23:7.

소돔과 고모라와 그 이웃 도시들도 그들과 같은 행동으로 음란하며 다른 육체를 따라 가다가 영원한 불의 형벌을 받음으로 거울이 되었느니라
_유 1:7.

마음이 경건하지 아니한 자들은 분노를 쌓으며 하나님이 속박할지라도 도움을 구하지 아니하나니 그들의 몸은 젊어서 죽으며 그들의 생명은 남창과 함께 있도다
_욥 36:13-14.

해당 구절을 찾아 자녀와 함께 읽어 보십시오. 그러면 아이가 "성경에 진짜로 이런 구절이 있었어요?" 하고 굉장히 놀라워할 것입니다.

아이들은 성경에는 현대 사회 문제에 관한 언급이 아예 없거나 우리가 해석하기 모호한 말씀을 추상적으로 해석할 뿐일 것이라고 지레짐작합니다. 그러나 하나님은 두루뭉술하게 말씀하시는 법이 없습니다. 특히 생명과 관련된 내용은 명료하게 말씀하십니다. 왜냐하면 주님은 "내가 곧 길이요 진리요 생명"(요 14:6)이라고 똑 부러지게 말씀하시는 분이기 때문입니다.

성경은 동성 간의 성행위 금지를 구약부터 신약까지 영원히 지켜야 할 하나의 도덕법으로 일관되게 선포하고 있습니다. 구약 시대와 비교하여 신약 시대에 와서는 근친상간에 관한 언급이 줄기는 했지만, 동성애는 오히려 더 반복적으로 다루고 있음을 보게 됩니다.

부모는 동성애 문제가 곧 인권 문제라고 주장하는 세상에서 자녀에게 옳고 그름의 판단 기준은 오로지 성경 말씀이라는 것과 동성애의 바른 정의와 동성애 금지와 관련한 성경 구절들을 분명히 가르쳐야 합니다.

사랑이 많으신 주님은 우리를 모호하고 악한 길이 아닌 명료하고도 옳은 길로 인도하시는 분임을 신뢰하고, 가정에서 자녀를 올바로 훈육하여 주님이 주신 부모의 권위를 잃지 않기를 바랍니다. 권위적인 부모가 되어서는 안됩니다. 그러나 권위를 잃는 부모는 성경적으로 건강한 양육자가 아닙니다.

지혜 있는 자에게 교훈을 더하라 그가 더욱 지혜로워질 것이요 의로운 사
람을 가르치라 그의 학식이 더하리라 잠 9:9.

Q5.

오늘날 구약의 제사법이나
음식법은 지키지 않는데,
왜 동성애는 계속 금지하는 거죠?

엄마(아빠), 구약의 하나님은 비늘이 없는 모든 것은 먹지 말라고 명령하셨지만(레 11:10, 12; 신 14:10), 이제는 고등어, 장어, 갈치, 메기, 가오리 등 비늘 없는 생선을 마음껏 먹잖아요. 그런데 왜 동성애를 금하는 구약의 명령은 지금도 계속 지켜야 하나요?

하나님이 주신 율법의 목적을 더 잘 이해하기 위해서는 율법을 도덕법, 의식법, 시민법과 비교해 봐야 합니다.

첫째, 도덕법은 하나님의 거룩하신 본성을 바탕으로 만들어져 모든 백성이 영원히 지켜야 할 규례를 일컫습니다. 따라서 규례는 거룩하며 불변합니다. 도덕법은 하나님을 사랑하고, 이웃을 사랑하는 길을 보여 주며 율법으로부터 해방된 것이 죄를 지어도 된다는 뜻이 아님을 알게 해 줍니다. 대표적인 도덕법으로 십계명을 꼽을 수 있습니다. 간음의 일종인 동성애를 금하는 명령은 도덕법에 해당합니다. 즉 간음을 죄로 규정하고 금하신 하나님의 뜻은 불변하기에 우리는 동성애를 죄로 분명히 인식하고, 만일 범했다면 회개해야 합니다.

둘째, 의식법은 국가의 관습을 의미하며 고대 이스라엘 사람들이 하나님 앞에 바로 서기 위해 지켜야 했던 여러 지시 사항, 즉 희생 제사나 정결과 관련한 의식들, 하나님이 이스라엘에 베푸신 일들을 기념하기 위한 절기들, 이스라엘을 이방인과 구분하기 위한 특정 음식과 질병 치료와 의복 제한 등의 규정을 가리킵니다.

그러므로 크리스천은 의식법의 의미는 받들지만, 그 자체를 지키기 위해 매이지는 않습니다. 교회는 이스라엘 국가가 아니기 때문입니다. 따라서 이제는 비늘 없는 물고기나 굽이 갈라지지 않은 짐승의 고기를 먹는 것을 죄로 보지 않습니다. 비늘 없는 고등어를 먹는 것과 동성연애를 동일 선상에서 논하는 것은 도덕법과 의식법을 구별하지 못하는 무지에서 나온 논리 전개입니다.

셋째, 시민법은 이스라엘 민족의 문화와 장소를 위해 특별히 주어진 것입니다. 구약 시대에 하나님이 이스라엘에 살인부터 각종 사회적, 경제적 배상에 이르기까지 하나님의 성품을 담은 법률 테두리와 내용을 주신 것이므로 현행법상 현대의 크리스천들이 삶에 그대로 적용할 필요는 없지만, 신앙생활을 위한 중요한 사항으로 받아들여집니다.

요약하자면, "비늘 없는 물고기를 먹는 것 혹은 각종 레위기의 처벌 조항을 지금은 다 지키며 살지는 않으면서 동성애를 죄로 규정한 구절만은 왜 여전히 적용하는가?"라는 질문에 도식적으로 답변하려면 의식법, 도덕법, 시민법을 비교 설명해 주는 것이 도움이 될 것입니다.

"○○야 동성 간의 간음을 금하고 계신 하나님의 도덕법은 영원히 지켜야 할 말씀이지만, 비늘 없는 물고기는 먹지 말라 등의 의식법(제사법) 혹은 시민법 등은 도덕법과 달리 정리되고 그 준행 의무가 끝난 말씀이란다. 그러므로 고등어 먹었다고 회개할 필요가 없어."

Man of God

  Part 3.

동성애와 유전

Q6.

우리 주변에 동성애자가
얼마나 있을까요?

엄마(아빠), 우리 주변에도 동성애자들이 있나요? 얼마나 있을까요?

사실, 정확한 수를 알기는 어렵습니다. 보건복지부조차 정확한 통계치를 내기가 어렵다고 말합니다. 2015년에 발표된 질병관리본부의 보고서에 따르면 "동성애 경험이 있다"라고 응답한 사람이 0.3%인데, 실제로는 이보다 더 많을 것으로 본다고 밝히고 있습니다.

왜 그럴까요? 예를 들어, 인종은 죽을 때까지 바뀌지 않습니다. 황인은 끝까지 황인이고, 백인은 끝까지 백인입니다. 그런데 동성애자는 그렇지 않습니다. 타고나는 것이 아니다 보니까 한때는 동성애자였다가도 나이가 들어갈수록 탈동성애를 하는 사람들이 꽤 있습니다. 그래서 비율이 들쭉날쭉합니다. 특히 미국의 통계 자료를 보면 잘 알 수 있습니다.

미국 보건당국(CDC)의 보고를 보면, 2013년에 동성애자와 양성애자를 합한 비율이 2.3% 정도였는데, 최근 갤럽 조사에 따르면 5.6% 정도로 높아졌다고 합니다.[1] 5.6%면 20명 중 1명꼴이니 꽤 된다 싶으실 겁니다. 그렇습니다. 30개 주 이상에서 차별금지법이 통과되었고, 2015년에 동성결혼에 대한 합헌 판결이 있었습니다. 이런 상황에서 동성애는 당연히 인권과 다양성의 문제로 받아들여지고 있는 게 현실입니다.

National Health Statistics Reports

Number 77 ■ July 15, 2014

Sexual Orientation and Health Among U.S. Adults: National Health Interview Survey, 2013

by Brian W. Ward, Ph.D.; James M. Dahlhamer, Ph.D.; Adena M. Galinsky, Ph.D.; and Sarah S. Joestl, Dr.P.H., Division of Health Interview Statistics

Abstract

Objective—To provide national estimates for indicators of health-related behaviors, health status, health care service utilization, and health care access by sexual orientation using data from the 2013 National Health Interview Survey (NHIS).

Methods—NHIS is an annual multipurpose health survey conducted continuously throughout the year. Analyses were based on data collected in 2013 from 34,557 adults aged 18 and over. Sampling weights were used to produce national estimates that are representative of the civilian noninstitutionalized U.S. adult population. Differences in health-related behaviors, health status, health care service utilization, and health care access by sexual orientation were examined for adults aged 18–64, and separately for men and women.

Results—Based on the 2013 NHIS data, 96.6% of adults identified as straight, 1.6% identified as gay or lesbian, and 0.7% identified as bisexual. The remaining 1.1% of adults identified as "something else," stated "I don't know the answer," or refused to provide an answer. Significant differences were found in health-related behaviors, health status, health care service utilization, and health care access among U.S. adults aged 18–64 who identified as straight, gay or lesbian, or bisexual.

Conclusion—NHIS sexual orientation data can be used to track progress toward meeting the Healthy People 2020 goals and objectives related to the health of lesbian, gay, and bisexual persons. In addition, the data can be used to examine a wide range of health disparities among adults identifying as straight, gay or lesbian, or bisexual.

Keywords: sexual minority • sexual identity • health status • health care access

characteristics. Interest in and information on disparities by sexual orientation has been increasing. For instance, recent studies have examined the health and health care of lesbian, gay, and bisexual (LGB) populations and have found clear disparities among sexual minority groups (i.e., gay or lesbian and bisexual) and between sexual minorities and straight populations. These disparities appear to be broad-ranging, with differences identified for various health conditions (e.g., asthma, diabetes, cardiovascular disease, or disability) (1–4), health behaviors such as smoking and heavy drinking (1–3,5), and health care access and service utilization (1,6,7). Across most of these outcomes, sexual minorities tend to fare worse than their nonminority counterparts.

Seeking to address those and other health disparities, the U.S. Department of Health and Human Services' Healthy People 2020 initiative includes the goal of improving the health, safety, and well-being of lesbian, gay, bisexual, and transgender (LGBT) persons. One

미국 보건당국(CDC)의 보고를 보면 2013년에 동성애자와 양성애자를 합한 비율이 2.3% 정도였음을 알 수 있다.

LGBT Identification Rises to 5.6% in Latest U.S. Estimate

BY JEFFREY M. JONES

동성애자와 양성애자를 합한 비율이 2.3% 정도(2013년)에서 최근 갤럽 조사 결과(2021년) 5.6% 정도로 높아졌음을 알 수 있다.

영국이나 미국처럼 차별금지법이 통과된 나라들에서 동성애자의 비율은 100명 중 2~3명 정도로 알려져 있습니다. 미국 캘리포니아주 샌프란시스코(6.2%)나 포틀랜드(5.4%)가 특히 높은 비율을 보여 줍니다. 지역에 따라 차이가 있기는 하지만, 대체로 동성애를 인정하는 나라들에서 그 비율이 높게 나오는 것을 볼 수 있습니다.

Q7.

동성애 유전자가 있나요?

엄마(아빠), 어떤 친구는 동성애를 하게끔 하는 유전자가 있어서 타고나는 것이라고 말하고, 또 어떤 친구는 동성애 유전자는 없지만, 동성애자가 되고 싶어서 스스로 동성애를 선택한 사람도 있다고 해요. 동성애 유전자가 따로 있나요?

동성애를 옹호하는 사람들은 대개 동성애는 타고나는 것이라고 주장합니다. 동성애는 하고 싶어서 하는 게 아니라 어쩔 수 없이 하는 것이기 때문에 동성애자들을 정죄해서는 안 되며 '정상'으로 인정해 주어야 한다고 말합니다. 그들은 1993년에 발표한 해머(Dean H. Hamer) 박사의 논문[1] 등을 근거로 대며 이러한 주장을 펼치는데, 과학을 잘 모르는 많은 사람이, 심지어 목회자나 크리스천들도 이에 설득되어 동성애를 정상으로 받아들이곤 합니다. 하지만 해당 논문은 거짓임이 드러났고 해머 스스로도 2005년에 또 다른 논문을 통해 스스로 인정했지요.

그런데 '태어날 때부터 지니고 있음'을 의미하는 선천적(先天的)이란 말이 곧 의학적으로 유전자를 통한 유전만을 의미하는 것은 아닙니다. 기질이나 가족력 같은 요소를 포함하기도 하기 때문입니다. 따라서 유전자 하나만 가지고 선천성을 논할 수는 없습니다. 문제는 동성애를 유발하는 유전자가 있다는 거짓말까지 당연하게 받아들이고 있는 현재의 성교육입니다.

보라 어둠이 땅을 덮을 것이며 캄캄함이 만민을 가리려니와 오직 여호와께서 네 위에 임하실 것이며 그의 영광이 네 위에 나타나리니 사 60:2.

이 세상은 거짓 논문까지 동원해 가며 동성애는 죄가 아니라 유전이라고 퍼뜨리는 악한 시도가 난무하고 있습니다. 어둠이 땅을 덮고 캄캄함이 만민을 가려 동성애를 인권의 위치로 격상시켰고 사람들을 무지와 죄악으로 몰고 있습니다. 그러나 그러한 때일수록 우리가 어떻게 해야 하는지 성경은 명징하게 말씀하고 계십니다.

일어나라 빛을 발하라 이는 내 빛이 이르렀고 여호와의 영광이 네 위에 임하였음이니라 사 60:1.

동성애가 유전이 아님을 나타내는 과학적 근거

부산대학교 물리학과 길원평 교수, 연세대학교 의과대학 정신과 민성길 교수, 서울대학교 치의학대학원 분자유전자학교실 류현모 교수 등이 공저한 《동성애는 유전이 아니다》는 동성애가 유전이 아닌 이유에 관해 다음과 같이 밝히고 있다.

1993년, 동성애자인 해머는 40곳의 가계를 조사해 X염색체 위의 Xq28과 남성 동성애 사이에 높은 상관관계가 있다고 권위 있는 학술지인 <사이언스>에 발표했다.[2] 해머는 논문의 머리글에 "이 결과는 99% 이상 통계적 신뢰도를 갖는다"라고 주장했다. 서구 언론은 그의 논문을 토대로 동성애 유발 유전자를 발견했다고 대서특필했고, 그 결과 서구 사회에는 동성애가 유전이라는 주장이 확산되었다.

■ RESEARCH ARTICLE ■

A Linkage Between DNA Markers on the X Chromosome and Male Sexual Orientation

Dean H. Hamer, Stella Hu, Victoria L. Magnuson, Nan Hu, Angela M. L. Pattatucci

The role of genetics in male sexual orientation was investigated by pedigree and linkage analyses on 114 families of homosexual men. Increased rates of same-sex orientation were found in the maternal uncles and male cousins of these subjects, but not in their fathers or paternal relatives, suggesting the possibility of sex-linked transmission in a portion of the population. DNA linkage analysis of a selected group of 40 families in which there were two gay brothers and no indication of nonmaternal transmission revealed a correlation between homosexual orientation and the inheritance of polymorphic markers on the X chromosome in approximately 64 percent of the sib-pairs tested. The linkage to markers on Xq28, the subtelomeric region of the long arm of the sex chromosome, had a multipoint lod score of 4.0 ($P = 10^{-5}$), indicating a statistical confidence level of more than 99 percent that at least one subtype of male sexual orientation is genetically influenced.

해머 박사가 1993년에 발표한 논문은 동성애가 타고나는 것이라고 주장했다.

그러나 1999년에 라이스 등은 52쌍의 동성애자 형제와 33쌍의 일반 형제를 비교한 후, Xq28이 남성 동성애와 관련이 없다고 <사이언스>에 발표했다.[3] 2005년, 해머를 포함한 연구팀도 456명을 조사한 후, Xq28은 동성애와 상관관계가 없다고 발표했다. 1993년 연구에서는 Xq28이 남성 동성애와 상관관계가 있다고 했는데, 2005년 연구 논문에서는 상관관계가 없다는 상반된 결과를 얻은 이유를 자세히 설명했다. 해머가 자신의 1993년 연구 결과를 뒤집은 것이다.

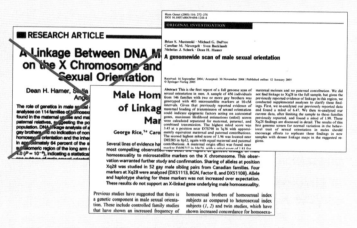

1993년에 발표한 해머 박사의 논문은 거짓임이 드러났고, 해머 스스로도 2005년에 또 다른 논문을 통해 인정했다.

2012년, 드라반트 등은 2만 3,874명(이성애자 77%, 동성애자 6%)을 조사했으나 동성애 유발 유전자를 발견하지는 못했다.[4] 2018년, 웨도우 등은 약 50만 명을 조사해 동성애 유발 유전자는 없다고 발표했다.[5] 결론적으로 동성애 유발 유전자는 발견되지 않았다. 이제까지의 결과로

추론하면 앞으로도 발견될 가능성은 없다.

　다음으로 동성애를 하게 만드는 두뇌 구조가 있는지를 살펴보자. 동성애자의 두뇌는 태어날 때부터 일반인과 다르며, 태아기의 성호르몬 이상이 두뇌 형성에 영향을 주었을 것으로 추측했다. 1991년, 동성애자인 리베이는 죽은 사람의 두뇌 중 전-시상하부의 간질성 핵(INAH) 크기를 조사해 남성 동성애자의 INAH-3은 여자처럼 남성 이성애자보다 작기 때문에 INAH-3이 동성애와 연관이 있다고 <사이언스>에 발표했다.[6] 그러나 2001년, 바인 등이 INAH-3 내의 신경세포인 뉴런 개수를 측정한 결과, 남성이 여성보다 훨씬 많았으며 남성 이성애자와 남성 동성애자의 차이는 없었다. 이 결과로부터 남성 동성애자의 INAH-3 크기가 작은 것은 후천적이라고 보았다. 이 외에 양쪽 뇌를 연결하는 전측 교련, 뇌량 등에 관한 논문들이 발표됐지만, 동성애가 두뇌 때문에 생긴다는 연구 결과는 모두 번복되었다.

　동성애가 유전이 아님을 나타내는 몇 가지 과학적 근거를 소개하면 다음과 같다. 첫째, 자녀를 적게 낳는 행동 양식은 유전일 수 없다. 어떤 유전자를 가진 집단이 지속적으로 유지되려면 그 집단의 성인 한 명당 한 명 이상의 아이를 낳아야 한다. 그런데 동성 간 성행위로는 아기를 낳을 수 없다. 조사에 따르면[7], 남성 동성애자의 15%만 마지못해 결혼이라는 이름으로 결합한다. 이 조사에 의하면 동성애 유발 유전자를 가진 사람의 수가 점차 줄어들어 지구 상에서 동성애가 사라졌어야 한다. 아직 동성애자가 존재한다는 사실 자체가 동성애가 유전이 아님을 나타낸다.

　어떤 행동이 유전된다는 것은 그 행동을 하게 만드는 유전자가 있다는 뜻이다. 하등동물의 행동 양식은 1~2개의 유전자에 의해 결정되지만, 일반적으로 고등동물의 행동 양식에는 수많은 유전자가 관여한다. 동성애가 유전이라면, 그와 관련된 수많은 유전자가 돌연변이에 의해 바뀌어야 하므로 동성애는 여러 세대에 걸쳐 아주 천천히 변화되어야 한다. 그런데 실제 상황은 전혀 그렇지 않다. 가계를 조사해 보면[8], 갑자기 동성애자가 나타났다가 갑자기 사라지는 현상을 볼 수 있다.

자란 환경에 따라 동성애자가 될 확률이 다르다는 결과도 있다. 1994년, 미국 시카고 조사에 의하면 청소년기를 대도시에서 보냈으면 동성애자가 될 확률이 높고, 시골에서 보냈으면 동성애자가 될 확률이 낮았다.[9] 2006년, 덴마크 조사에서도 도시에서 태어난 사람이 시골에서 태어난 사람보다 더 많은 동성애 파트너를 갖는 것으로 밝혀졌다.[10] 이 결과는 동성애가 환경의 영향을 많이 받음을 나타낸다.

동성 간 성행위가 선천적이지 않음을 나타내는 강력한 증거는 일란성 쌍둥이의 동성애 일치 비율이다. 일란성 쌍둥이는 동일한 유전자를 가졌으며 같은 엄마 배 속에서 모든 선천적 영향을 동일하게 받는다. 따라서 동성애가 선천적이라면 일란성 쌍둥이는 동성애 일치 비율이 높아야 한다. 최근 조사 결과를 보면,[11] 2000년에 미국 1,512명 일란성 쌍둥이의 동성애와 양성애를 합친 비이성애 일치 비율이 18.8%였다. 2000년에 호주 3,782명 일란성 쌍둥이의 동성애 일치 비율은 남성 11.1%, 여성 13.6%였고, 2010년 스웨덴 7,652명 일란성 쌍둥이의 동성애 일치 비율은 남성 9.9%, 여성 12.1%였다.[12]

조사 대상자가 많으면 통계적 신뢰도가 증가하기에 일란성 쌍둥이의 동성애 일치 비율은 대략 10%라고 볼 수 있다. 그런데 이 일치 비율도 전부 선천적 영향이라고 말할 수 없다. 쌍둥이는 같은 부모와 환경 하에서 동일한 후천적 영향을 받으며 서로에게 영향을 줄 수 있기 때문이다. 동일한 유전자를 갖고 선천적·후천적 영향을 합쳐도 일치 비율이 10%밖에 되지 않는다는 것은 선천적 영향이 10%가 되지 않으며, 동성애가 선천적으로 결정되지 않음을 분명히 보여 준다.

일란성 쌍둥이의 동성애 일치 비율은 대략 10%가 되지 않으며 이는 동성애가 선천적으로 결정되지 않음을 분명히 보여 준다.

나는 더 이상 게이가 아닙니다
– 탈동성애자 형제의 간증[13]

그리스도께서 이미 육체의 고난을 받으셨으니 너희도 같은 마음으로 갑옷을 삼으라 이는 육체의 고난을 받은 자는 죄를 그쳤음이니 그 후로는 다시 사람의 정욕을 따르지 않고 하나님의 뜻을 따라 육체의 남

은 때를 살게 하려 함이라 너희가 음란과 정욕과 술취함과 방탕과 향
락과 무법한 우상 숭배를 하여 이방인의 뜻을 따라 행한 것은 지나간
때로 족하도다 **벧전 4:1-3.**

1992년경, 제 나이 7~8살쯤이었습니다. 당시 미국 프로레슬링이
크게 유행하여 매일 TV에서 프로레슬러들의 경기 모습을 볼 수 있었습
니다. 어느 날 평소 가깝게 지내던 친척 형이 제게 "우리도 레슬링 한판
할래?" 하고 물었습니다. TV에서 보던 대로 흉내 내는 것으로 생각했지
만, 어딘가 조금 다른 느낌이었습니다. 그것이 바로 제 첫 동성애 경험
이었습니다. 이후 3~4년간 그 형과 간간이 만날 때마다 색다른 레슬링
을 하였는데, 자라면서 자연스럽게 멀어지게 되었습니다.

중학교에 진학한 후에는 같은 학교 친구 네 명에게서 각각 동성애를
요구받았습니다. 이미 친척 형과 관계한 경험이 있기에 어렵지 않게 응
했습니다. 그들이 서로 상의해서 저를 건드린 것은 아니었습니다. 빈집,
학교 안 공터, 놀이터, 옥상 등지에서 각각의 친구들과 여러 번 관계했
습니다. 그런데 지금은 그들 중 동성애자로서 사는 친구가 한 명도 없
다는 사실이 아이러니하기만 합니다.

동성애 세계로 깊이 빠져든 시간

그렇게 3년이 흘러 고등학교에 입학했습니다. 2000년, 홍석천 씨
가 연예인으로서 최초로 커밍아웃했는데, 이 사건이 제 삶에 큰 영향
을 주었습니다. 동성애적인 경험을 했어도 중학교 때까지는 동성애 개
념을 잘 알지 못했고, 그저 남자가 좋다는 생각만 하고 있었습니다. 그

런데 커밍아웃이 사회 이슈로 다루어지면서부터 비로소 동성애 개념을 알게 되었고, 관련 용어들을 배우며 나 자신을 동성애자로 인정하게 되었습니다.

당시 다음카페가 활성화될 때였는데, 저는 황급히 동성애를 검색하여 관련 카페들을 찾아봤습니다. 이미 여러 곳이 있었고, 그곳들을 통해 여러 사람을 만나게 되었습니다. 불특정 다수의 동성애자를 만나게 된 것입니다. 저는 서울 강북 지역에 살았는데, 서울뿐 아니라 경기권까지 사람을 만나러 다니곤 했습니다.

한번은 동갑 친구를 만났는데, 서로 호감을 느껴 연애하기로 했습니다. 그 친구 집에 가서도 며칠 잠을 자며 한 달 정도 사귀었는데, 어느 날 남녀 동성애자들의 술 모임에 함께 가게 되었습니다. 신촌 공원에 둘러앉아 밤새 술을 마시며 놀았습니다. 그때 한 남자가 제 눈에 들어왔습니다. 제 애인보다 더 멋져 보였습니다. 그는 저보다 형이었는데, 그도 제게 호감을 표현하여 둘이 슈퍼마켓에 다녀오겠다고 핑계를 댄 후에 데이트했습니다. 그것을 알게 된 동갑내기 애인과 싸우게 되어 그날 바로 헤어졌습니다. 그러나 호감을 나눈 형과는 그날 이후로 연락이 닿지 않았습니다. 이렇듯 마음에 드는 상대와의 만남은 마치 서로 다른 곳을 겨누는 화살들처럼 어긋나기 일쑤여서 한 달 이상 지속되기가 어려웠습니다.

저는 동성애자로 살았지만, 나면서부터 교회에 다닌 모태신앙인입니다. 음악에 관심이 많았던 저는 고등학교에서 합창부 및 중창단 활동을 하며 작곡과에 진학하기로 했습니다. 하지만 공부만 하기에도 모자란 시간에 동성애 만남까지 하려니 시간이 부족하여 결국 재수를 생각하며 지레 시험을 포기하고 말았습니다.

그러다가 문득 교회실용음악(Contemporary Christian Music) 작곡으로 전향해야겠다는 생각이 들었고, 과외 선생님을 통해 숭실대 CCM학과를 알게 되었습니다. 부랴부랴 준비했는데, 다행히 합격했습니다. 그 학교에 들어간 것이 하나님의 은혜요 섭리였습니다.

숭실대 CCM학과는 매년 학기 시작 일주일 전에 영성 훈련을 떠납니다. 복음을 깊이 전하며 구원과 거듭남에 관해 도전하는 영성 훈련입니다. 그곳에서 한 친구가 제게 "진권아, 너는 거듭났니?" 하고 물어 왔습니다. 저는 거듭남이 무엇인지 알지 못했지만, 마음속으로 '날 대체 뭐로 보는 거야? 이래봬도 모태신앙이라 알건 다 아는데…' 하며 방어적으로 대답했습니다. 그런데 그 후로 그 친구의 물음이 제 머리에서 떠나질 않았습니다.

그때부터 저는 죄책감 속에 살았습니다. 이전에는 멋모르고 동성애자로서 당당하게 살았는데, 크리스천 동성애자라는 말이 어딘가 모순적이라는 생각이 들었습니다. 그러면서도 동성애 생활을 계속해 갔습니다.

성인이 된 저는 술집이나 클럽을 자유롭게 다닐 수 있었고, 이태원, 종로 등을 다니며 각종 술 모임, 여행 모임에 나가기 시작했습니다. 그때 이태원에서 동성애자들만 다니는 찜질방에 처음 가게 되었습니다. 실루엣만 보이는 깜깜한 곳에서 관계하는 장면을 보게 되었습니다. 조금 무섭기도 하고 더럽다는 생각이 들었지만, 이후로 그날 본 장면이 계속 머릿속에 맴돌아 종종 찜질방이나 DVD방을 찾아다니곤 했습니다. 남자 동성애자들을 언제든지 만날 수 있는 곳에서 제 욕구를 손쉽게 해결할 수 있었기 때문입니다. 이처럼 동성애자의 현실은 로맨스 가득한 환상과는 달리 정욕에 이끌린 음란일 뿐이었습니다.

박진권 씨가 청소년 에이즈 감염 대책 포럼에서 "돌아갈 수만 있다면 돌아가고 싶다"라는 제목으로 발제하고 있다.

진정한 자유를 찾다

2010년, 아이티와 칠레에 대지진이 일어났습니다. 그 사건을 보는데 제 마음이 흔들렸습니다. 당시 우리나라에도 지진이 발생했는데, 그제야 저는 하나님의 마음을 느낄 수 있었습니다. 하나님은 제게 돌아오라고 촉구하셨습니다. 마침 제가 다니던 교회의 사모님이 제게 전화하여 교회로 돌아올 것을 권유했습니다. 이미 마음이 바닥을 친 상태여서 더 내려갈 곳도 없다는 깨달음에 다시 올라가야겠다는 생각이 들었습니다. 저는 결심하고 짐을 꾸려 교회로 향했습니다. 내 생각, 소망, 미래 따위는 모두 내려놓고, 그저 하나님께로 나아가고 싶었습니다.

특별 저녁기도회 기간이었는데, 교회 문을 열고 들어가자마자 눈물이 왈칵 쏟아졌습니다. 찬양 속에 계시는 주님을 느꼈고, 예수님의 십자가 보혈이 나를 씻으시는 것을 경험했습니다. 초등학교부터 지금까지 지었던 모든 죄가 뇌를 스쳐 지나갔습니다. 하염없이 울며 회개 기도를 드리고 나니 3시간이 훌쩍 흘러 있었습니다. 진정한 회개를 통한 은혜가 무엇인지 깨닫는 시간이었습니다. 그때 처음으로 자유의 의미를 알게 되었습니다.

그리스도께서 우리를 자유롭게 하려고 자유를 주셨으니 그러므로 굳건하게 서서 다시는 종의 멍에를 메지 말라 **갈 5:1.**

그 후 저는 동성애에서 온전히 벗어나기 위해 교회에서 훈련을 받기로 했습니다. 말씀과 기도와 예배를 통해 영혼이 정결해져 갔습니다. 금식 기도와 철야 기도를 드리기도 했습니다. 하나님이 저를 온전케 하시고, 강건케 하셨습니다. 저는 제 삶을 하나님의 성전에 드리기로 하고, 교회 스태프로 헌신했습니다.

그때까지 여자와 결혼하고 싶다는 생각이 들어 본 적이 없었습니다. 그런데 하나님이 아담에게 주신 배우자의 축복(창 2장)을 사모하는 마음이 생기기 시작했고, 나도 하나님의 자녀로서 나의 하와를 만나고 싶다는 생각이 강하게 들었습니다. 그래서 배우자를 위한 기도를 계속하였고, 교회 스태프로 섬기던 한 자매를 만나 결혼하게 되었습니다. 제 아내는 지금도 제게 가장 소중한 하나님의 선물입니다.

하나님은 저를 축복해 주셔서 아내와 두 자녀를 주셨습니다. 만약 제가 동성애 생활을 청산하지 않고 계속해 나갔다면, 제 삶에서 절대 일어나지 않았을 일들입니다. 그저 내 고집을 버리고, 하나님께 순종하며 말씀을 붙들고 나아갔더니 삶의 많은 열매가 맺혔습니다.

저는 <나는 더 이상 게이가 아닙니다>라는 다큐멘터리 영화를 찍었는데, 이를 본 많은 동성애자와 그 가족들이 연락해 왔습니다. 그들을 돕기에는 상담만으로는 부족하다고 느끼던 차에 제가 다니는 더크로스처치의 박호종 담임목사님이 '아이미니스트리'라는 탈동성애 상담 전문 단체를 출범하도록 해 주셨습니다. 스스로 부족한 점이 많지만, 복음을 통해 하나님을 만나 동성애에서 벗어나는 기쁨을 널리 전하고 싶었습니다.

그렇게 지금까지 수년간 동성애자들을 돕고, 그 가족들을 위로하며 사역해 왔습니다. 많은 사람이 도움을 받고, 하나님을 만나 죄 된 삶에서 벗어났습니다. 반신반의하던 형제자매들도 저를 통해 답을 찾았고, 도전을 받았습니다.

최근 저는 제 자녀들이 제 간증을 듣고 상처받지나 않을까, 제 선택으로 아이들이 어려움을 겪지나 않을까 하는 생각에 사역을 계속해야 할지 말아야 할지 고민이 많았습니다. 그런데 하나님이 제 마음 한편에 담대함을 주셨습니다. 그리하여 저는 사역을 계속해 나가기로 결

청소년 에이즈 예방 캠페인 디셈버퍼스트 기자 회견 및 청소년 에이즈 예방 대책 포럼 행사

심했습니다.

앞으로 하나님이 탈동성애 운동을 열방에 일으키실 것을 확신합니다. 새벽이슬 같은 다음 세대가 주님 앞에 나아올 것입니다. 그 일에 제가 작은 도구로 쓰임 받기를 간절히 소망합니다.

주의 권능의 날에 주의 백성이 거룩한 옷을 입고 즐거이 헌신하니 새벽이슬 같은 주의 청년들이 주께 나오는도다 시 110:3.

일란성 쌍둥이의
동성애 일치 비율을 보면
동성애가 선천적으로
결정되지 않음을
분명히 보여 준다.

Part 4.

동성애 미화

Q8.

게이와 트랜스젠더는 다른가요?

엄마(아빠), 왜 배우 홍석천은 게이라고 부르는데, 유튜버 풍자는 트랜스젠더라고 불러요? 게이나 트랜스젠더나 모두 동성애자 아닌가요? 어떤 점이 다른가요?

게이나 트랜스젠더는 다른 의미를 가집니다. 한마디로 게이는 동성애자이고, 트랜스젠더는 성별을 바꾸려고 하는 성전환자입니다. 남자의 경우, 게이든 트랜스젠더든 모두 성염색체가 XY로 생물학적 성별이 남성입니다.

동성애(호모섹슈얼러티)는 소위 '성적 지향'의 하나로 이성애와 양성애가 여기에 포함됩니다. 성적 지향(sexual orientation, S.O.)은 '성적 이끌림'으로 한 개인이 성적으로 혹은 정서적으로 어떤 성별 집단에 이끌리는지를 나타내는 용어입니다. 성전환(transgenderism)은 타고난 생물학적 성별과 자신이 인지하는 성별, 곧 성별 정체성(gender identity, G.I.)이 달라서 다른 성별로 전환하려는 것을 말합니다.

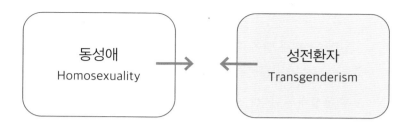

성적 지향(S.O.)과 성별 정체성(G.I.)에 문제가 있는 사람들을 보통 성 소수자(sexual minority)라고 부릅니다. 그런데 이 용어는 일종의 프레임을 만듭니다. 다수와 비교하여 '약자, 피해자, 돌봐 줘야 할 대상'이라는 느낌을 주고, 그럼으로써 성 소수자를 제외한 나머지 다수는 자신이 마치 '강자, 가해자, 권력자'가 된 듯한 느낌을 받고 죄책감까지 느끼게 만들기 때문입니다.

모든 성적 지향과 모든 성별 정체성을 분별없이 받아들이자는 소위 SOGI 운동을 흔히 성 소수자 운동이라고 하는데, 요즘은 일종의 인권 운동 즉 소수자 인권 운동으로 불리면서 굉장히 미화되고 있습니다. 또는 LGBTQ 운동이라고도 부릅니다. LGBTQ는 여자 동성애자(lesbian), 남자 동성애자(gay), 양성애자(bisexual), 성전환자(transgender), 혹은 성 정체성에 관해 스스로 모호하다고 생각하는 사람(questioning)들을 통칭하는 약자입니다. 그 외에도 뉴욕시 인권국에서는 논바이너리(non-binary), 젠더 플루이드(gender fluid), 어섹슈얼(asexual) 등 31가지에 달하는 성별 정체성이 있다고 주장하고 있습니다.

뉴욕시가 성별 정체성과 성별 표현에 관한 지침을 정리하였다.

'성적 지향'이라는 용어에 담긴 의도

흔히 '성적 취향'이라고 언급되던 용어를 '성적 지향'이라는 단어로 교체함으로써 동성애나 양성애는 단순한 취향이 아니라 이미 방향성이 정해져서 태어나는 것이라는 뉘앙스를 주기 위해 만들어진 용어임을 알아야 한다.

즉 "너는 동성애가 취향이냐?"라는 표현 대신 '동성애는 성적 지향이다'라고 끊임없이 주장하는 단체는 다름 아닌 동성애 옹호 성교육을 하는 단체들이다.

'성 소수자'라는 단어도 마찬가지다. '소수자'와 '성'이 결합하여 단순히 그 수가 적다는 의미 외에 약자, 피해자. 희생자라는 의미까지 가미되었는데 이 단어를 채택하게 한 것도 동성애를 옹호하는 단체들의 작품이다.

과연 소수자라고 하면 모두 보호와 지지의 대상이 되어야 할까? 그렇지 않다. 예를 들어 마약을 기준으로 보면 마약 사범이 마약 비사용자들보다 소수자다. 흡연이나 살인도 그러하다. 그러므로 소수자라는 이유만으로 보호와 옹호의 대상이 되어야 한다는 생각을 버려야 하며 특히 죄악을 향해 물든 성적 취향을 가진 사람은 회개를 촉구해야할 대상이지 무조건적 지지와 옹호를 받아야 할 대상이 아님을 알아야 한다.

소수자라는 이유만으로
보호와 옹호의 대상이 되어야 한다는
생각은 버려야 한다.

Q9.

동물들도 동성애를 한다고
뉴스에 나오던데요, 그렇다면
인간 역시 동성애를 하는 것이
자연스러운 것 아닌가요?

엄마(아빠), 동물 중에는 수컷끼리 혹은 암컷끼리 교미하는 것처럼 행동하는 경우가 있다는데요. 그건 동성애나 마찬가지잖아요. 그러면 동물도 동성애를 하는데, 만물의 영장이라는 인간도 동성애를 할 수 있지 않아요? 그래서 어떤 사람은 인간이 동성애를 하는 것은 자연스러운 일이라고 말한다던데요?

실제로 해외 논문들이 일부 동물은 동성 간에도 교미 행동을 한다고 소개하곤 합니다. 해외 매스컴에서는 "동물계에서도 동성애를 발견한 것"이라며 마치 대단한 것을 발견한 듯 대서특필하기도 했습니다.

2012년 6월, "아델리펭귄의 충격적인 성적 변태성 밝혀져"라는 제목의 기사가 한 언론에 실렸습니다.[1] 아델리펭귄이 동성애 행위를 하며 어린 펭귄을 향해 성폭력도 마다하지 않는다는 내용이었습니다. 심지어 수컷 펭귄이 죽은 암컷 펭귄과 교미를 시도한 일도 있다고 전합니다.

아델리펭귄의 충격적인 '성적 변태성' 밝혀져!

By 윤민식   Published : Jun 11, 2012 - 15:42   Updated : Jun 11, 2012 15:43

아델리펭귄은 동성애, 강간, 가학적 성애, 소아성애, 시체 성애 등 기이한 행동을 하는 것으로 관찰되었다고 한다.

이 같은 사실은 100여 년 전의 기록에서도 확인됩니다. 2014년 10월 20일, 뉴질랜드의 한 언론 매체가 "뉴질랜드의 남극유산 보존재단이 남극 내 영국 스콧 탐험대 기지에서 1911년 당시 탐험 대원이었던 외과 의사이자 동물학자인 레빅의 수첩을 발견했다"라고 보도했습니다.[2] 그런데 그 수첩에 기록된 아델리펭귄의 성생활이 충격적이라는 것입니다. 당시 기사에 따르면, 레빅은 '아델리펭귄의 자연사'라는 관찰 일지에서 수컷 아델리펭귄은 이성과 동성을 가리지 않고 교미 행동을 한다고 기록했습니다. 암컷 펭귄과 강압적인 성행위를 하고, 어린 펭귄에게는 성적 학대를 일삼는다고까지 기록했습니다. 심지어 죽은 지 1년이 넘은 암

컷의 사체와도 교미하는 걸 관찰했다고 합니다.

아델리펭귄의 기이한 행동은 동성애, 강간, 가학적 성애, 소아성애, 시체 성애 등 인간 세계에선 비정상적인 행위로 간주하는 성행위와 맥락을 같이 합니다. 레빅은 이런 행동을 일삼는 수컷들을 '훌리건 같은 수컷'이라 평했다고 합니다.[3]

'동성애'와 '동성 간의 성행위'가 별개라고 주장하던 동성애 옹호론자들이 동물의 동성 간의 교미 행동이 발견되자 동물 세계에도 동성애가 있다며 격하게 반겼습니다. 그러나 이로써 동성애와 동성 간의 성행위가 같은 것임을 인정한 셈입니다. 그들은 동물 세계에서 동성애가 관찰되었기 때문에 인간의 동성애도 자연스러운 현상이라고 주장합니다. 즉 동물의 동성 교미 행동과 인간의 동성애를 동일 선상에 두려는 것입니다.

동물 세계의 동성애와 양성애는 짝짓기와 구애 행동에서 관찰됩니다.[4] 청둥오리[5], 돌고래[6] 등 여러 동물에서 동성 간의 교미 행동이 관찰됐다는 보고서가 실제로 존재합니다. 그렇다고 해서 인간의 동성애가 정당화될 수 있을까요? 동물들도 하는 행동이니 인간이 해도 자연스러운 것이 아니겠느냐는 주장이 과연 옳을까요? 답은 '그렇지 않다'입니다.

동물은 본능에 충실하게 행동합니다. 동물은 동성 간의 교미 행동 외에도 기이한 행동을 많이 합니다. 예를 들어, 햄스터는 자기 새끼를 물어 죽이곤 하고, 암사마귀는 교미 직후에 수사마귀를 먹어 치웁니다. 개들은 곳곳에 오줌을 뿌리고 다니고, 길바닥에서 대놓고 교미하기도 합니다. 비둘기는 난잡하게 교미하기로 유명합니다. 그런가 하면 뻐꾸기는 자기 새끼를 키우려고 다른 새의 둥지에 몰래 알을 넣어 놓고는 달아납니다. 설상가상으로 부화한 새끼 뻐꾸기는 원래 주인의 새끼들을 둥지 밖으로 밀어 떨어뜨려 죽여 버립니다. 인간이 보기에는 더럽고 부끄럽고 비열한 행동인데, 동물들에게는 자연스러운 행동입니다.

인간도 개처럼 아무 데서나 노상 방뇨해도 된다는 주장에 동의할 사람은 아무도 없을 것입니다. 하물며 동성 간의 성행위는 어떻겠습니까? 동물이 동성 간에 교미 행동을 한다고 해서 인간도 해도 된다는 논리는 적절하지 않습니다.

인간과 동물의 차이를 흔히 이성 혹은 윤리와 도덕에 대한 의식 여부에 둡니다. 동물은 본능에 따라서만 행동하며 살아갑니다. 그와 달리 인간은 상황과 필요에 따라 이성적·윤리적·도덕적 판단을 통해 '본능에 거스르는' 행동을 할 수 있습니다. 하지 말아야 할 행동을 인지하고, 조절할 줄 안다는 뜻입니다. 게다가 인간은 동물과 달리 하나님의 형상대로 지음 받은 유일한 존재입니다. 그런 존재가 동물이 하는 행위를 따라 해도 된다는 주장은 인간이 지닌 도덕 및 윤리 관념을 무시하는 발상입니다.

그런데도 동성애 옹호론자들은 온갖 해괴한 논리로 진리를 왜곡하며 사람들을 현혹하고 있습니다. 올바른 탐구와 해석으로 사탄의 거짓 논리를 철저히 경계해야 합니다.

"○○야, 개가 노상방뇨를 한다고 해서 인간인 우리도 그렇게 해서는 안 되겠지? 마찬가지로 동물이 동성애를 한다고 해서 인간도 가능하다는 논리는 잘못된 것이란다. 인간은 하나님의 형상대로 지음 받은 특별한 존재이지 여러 동물의 일종에 불과한 존재가 아니란다."

Q10.

**왜 미디어는
동성애를 미화할까요?**

엄마(아빠), 요즘 드라마나 영화에서 동성애를 미화하는 모습을 자주 보게 돼요. 뉴스에서도 동성 결혼이 인권 문제인 것처럼 얘기하잖아요. 왜 미디어는 동성애를 미화하며 옹호할까요?

믿기 힘들겠지만, 대한민국 언론은 동성애와 에이즈(AIDS, 후천성면역결핍증)의 관련성을 언론에 노출하지 않도록 금지하는 '인권보도준칙'이라는 황당한 선언문을 따르고 있습니다. 인권보도준칙은 일상적인 보도 과정에서 인권을 침해하는 내용을 지양할 뿐만 아니라 나아가 인권 의식을 함양하고 인권 존중 문화를 확산하는 등의 목적을 위하여 국가인권위원회(이하 인권위)와 한국기자협회가 공동으로 마련한 보도의 기준과 지침을 말합니다. 인권위와 한국기자협회는 협력하에 2011년 4월부터 9월까지 약 6개월에 걸쳐 초안을 검토하여 인권보도준칙을 제정했습니다.[1]

인권보도준칙 8장은 특히 위험한데, 내용은 다음과 같습니다.

제8장 성적 소수자 인권

1. 언론은 성적 소수자에 대해 호기심이나 배척의 시선으로 접근하지 않는다.

   가. 성적 소수자를 비하하는 표현이나 진실을 왜곡하는 내용, '성적 취향' 등 잘못된 개념의 용어 사용에 주의한다.

   나. 성적 소수자가 잘못되고 타락한 것이라는 뉘앙스를 담지 않는다.

   다. 반드시 필요하지 않을 경우 성적 지향이나 성 정체성을 밝히지 않는다.

   라. 성적 소수자에 대해 혐오에 가까운 표현을 사용하지 않는다.

2. 언론은 성적 소수자를 특정 질환이나 사회병리 현상과 연결 짓지 않는다.

   가. 성적 소수자의 성 정체성을 정신 질환이나 치료 가능한 질병으로 묘사하는 표현에 주의한다.

   나. 에이즈 등 특정 질환이나 성매매, 마약 등 사회병리 현상과 연결 짓지 않는다.

인권보도준칙은 에이즈 등 심각한 질병의 고위험군이 스스로를 고위험군으로 인지하도록 언론과 미디어가 돕는 것을 방해하는 매우 반생명적이고 반의료적인 내용을 담고 있습니다.

감염병의 예방 및 관리에 관한 법률(이하 감염병예방법)은 국민 건강에 위해가 되는 감염병의 발생과 유행을 방지하고, 그 예방 및 관리를 위하여 필요한 사항을 규정함으로써 국민 건강의 증진 및 유지에 이바지함을 목적으로 만들어진 법률입니다. 이에 따르면 에이즈는 의료인이 해당 사례를 발견 시 반드시 24시간 안에 보건 당국에 신고해야 하는 감염증입니다.[2]

에이즈의 경우, 발병 원인은 에이즈 바이러스, 즉 인간면역결핍바이러스라고 불리는 HIV이며 그 감염은 이 바이러스에 감염된 사람의 혈액, 정액, 질 분비물, 장액, 모유 등과 같은 체액이 타인으로 옮겨질 만한 행동을 통해 이루어집니다. 질병관리청은 위험한 성행위, 수혈 등을 꼽고 있는데, 좀 더 구체적으로는 특히 남성 간의 성행위가 에이즈 전파의 주된 경로라는 사실을 보건당국 및 관련 기관, 전문가들이 일관되게 명시하고 있습니다.[3]

에이즈는 그 원인과 감염 경로가 확실하게 드러났으며 현재 백신도 완치제도 나와 있지 않은 상태이므로 예방이 특히 중요한 질병입니다. 즉 정확한 원인과 감염 경로를 집요하게 알리고, 조심시켜야 하는 대표적인 질환 중 하나입니다.

감염병예방법을 준수하는 지자체장이라면 이러한 사실들을 시민들이 잘 인지하고 위험 행동을 하지 않도록 지자체 보건소 등을 통해 각종 전단지나 교육자료의 배포, 캠페인 등을 실시해야 합니다. 또한 언론지 등을 통해 꾸준히 홍보하는 것도 중요합니다.

그런데 인권보도준칙 8장은 이처럼 중요한 내용을 사실 그대로 알리는 것을 인권 침해로 보고, 언론인들로 하여금 이러한 사실을 일절 알리지 못하도록 철벽을 치는 잘못된 인권 논리가 반영

된 대표적인 장치인 것입니다. 보건당국의 자료와 역학조사 결과들이 에이즈 고위험군이 어떤 집단인지 통계를 통해 밝히고 있지만, 인권 보호라는 미명 아래 덮어 두자고 하는 셈입니다.

게다가 성적 소수자 혹은 성 소수자라는 단어는 그 범주가 매우 모호합니다. 준칙을 정함에 있어 추상성을 남발하고는 그걸 지키라고 강요하는 것 역시 문제입니다. 최근에는 성 소수자라는 단어의 의미가 단순히 LGBT가 아니라 대다수 일반인이 가지고 있지 않은 성적인 취향을 가진 그룹들을 통칭하는 용어로도 확장되고 있습니다.

예를 들어, 2018년에 언론이 한동대학교의 인권 침해 조사의 문제점을 취재하는 과정에서 국가인권위원회 조사관이 성 소수자의 범주에 관해 발언한 것을 그대로 보도한 적이 있습니다.[4]

"다자(多者) 연애자도 성 소수자입니다. 성적 지향의 일종인 다자 연애를 소개하는 게 무슨 부도덕한 행위를 하거나 물의를 끼치기라도 한 겁니까? 양성애자들도 집단 난교를 하잖아요. 다자 연애에 대한 비판은 차별입니다."

이러한 언론의 행태는 국민의 공감을 받을 만한 행위인가 아니면 무책임한 방임 행위인가를 깊이 고민해 봐야 합니다.

토마스 아퀴나스는 인간이 자기 자신을 비롯해 종족을 보존코자 하며 진리를 알고자 하는 자연적인 본성을 가진다고 보았습니다. 자연적 성향으로부터 생명의 불가침성 및 존엄성은 어렵지 않게 도출되며 이러한 본성을 존중하고 지켜 가기 위한 법과 제도의 마련은 당연한 것으로 인식됩니다. 그런데 최근 잘못된 인권 어젠다의 남발로 인간의 기본적인 권리이자 본성의 발로인 생명권마저 언론에 의해 침해당하고 있는 지경입니다.

한국은 왜 차별금지법을 막아야 하는가

-안드레아 윌리엄스(영국 기독교법률센터 대표, 크리스천 컨선 포 아워네이션 대표)

안드레아 윌리엄스

동성애자인 것과 LGBT 운동을 하는 것은 다른 이야기입니다. 동성애자란 어떠한 삶을 사느냐, 즉 삶에 관한 것이고, LGBT 운동은 정치적 활동과 세계관에 관한 것이기 때문입니다. 동성애자가 되겠다고 선택하는 모든 사람이 LGBT 운동가가 되는 것은 아닙니다. 모든 LGBT 활동가가 동성애자인 것도 아닙니다.

현재 영국의 많은 대학교에서 동성애 윤리, 동성애자 철학, 동성애자 정치학, 성 과학, 성 정체성의 사회적 구성 등 게이와 레즈비언에 관한 여러 강의를 개설했습니다. 이런 이념을 교육과 문화에서 주류화하는 작업을 연구하고 있습니다. 이 연구들의 목표는, 예를 들자면, 영국내 아동과 청소년에 대한 LGBT 의무 교육을 통해 이성애자 기반의 규범을 해체하는 것입니다. 그 결과, 유치원과 초등학교 수업에서 아이들을 동성애화하는 LGBTQ 공교육을 실시하게 됐습니다.

LGBT 운동은 매우 실제적이고 이념적이며 때로는 공격적입니다. LGBT 옹호론자들의 로비가 어느 정도로 성공적이었느냐 하면 아이는 엄마 아빠와 화목한 가정환경에서 더 잘 성장할 수 있다고 말했다가 동성애 혐오 표현으로 비난받은 사건이 있었습니다. 리처드 페이지(Richard Page) 사건입니다.[5]

리처드 페이지는 공동체에서 적극적으로 활동하는 독실한 크리스천이었습니다. 그는 영국 켄트 지역에서 15년간 모범적 판사(magistrate)로 봉직했고, 입양 사건을 주로 담당했습니다. 한 병원의 의료법인 이사직도 맡고 있었고, 능력과 덕망을 인정받았습니다. 2014년, 두 남자 동성애자가 한 아이를 입양하려고 했습니다. 리처드는 동료 판사에게 아이가 엄마 아빠가 있는 가정에서 자라는 것이 아이에게 제일 좋다고 말했습니다. 그가 그런 의견을 제시하게 된 건 크리스천으로서 신앙에 따른 것이었고, 그도 위탁 부모 역할을 직접 해 봤기 때문입니다. 리처드 부부는 어려운 가정 출신의 여러 아이를 위탁받아 양육했습니다. 그래서 자신이 직접 경험하며 얻은 혜안이 있었습니다.

이런 내용의 대화는 판사 휴게실에서 나눈 개인적인 대화였지만, 리처드의 발언은 사법부 징계 위원회에 비밀스럽게 고발됐습니다. 그 아이는 결국 동성 커플에게 입양되었지만, 리처드는 조사받는 2015년까지 판사직 직무 정지 처분을 받았습니다. 징계위는 조사 결과 리처드가 자신의 종교적 신앙에 따라 판결했고, 편견을 가졌다고 판단했습니다. 크리스천으로서 아이에게는 엄마 아빠로 된 가정이 제일 좋다는 신념을 가진 것이 차별적이며 그 사건을 스스로 맡지 말았어야 했다는 것입니다.

이 사건은 미디어와 대중의 관심을 집중시켰습니다. 크리스천뿐 아니라 많은 영국인이 공감했습니다. 사회과학, 심리학, 인류학적 증거들이 아이가 엄마 아빠가 있는 가정에서 양육되는 것이 가장 좋다는 그의 의견을 뒷받침해 주었습니다. 그러나 세상 학문으로도 증명되는 그의 주장이 성경적 진리를 표명했다는 이유로 거부되었고, 결국 그는 해임됐습니다. 영국 보건부는 그를 의료법인 이사직에서도 해임했습니다. 의료법인 이사로서의 업무는 입양 정책과는 전혀 상관이 없는 재정에 관한 것임에도 말입니다.

차별금지 의제가 얼마나 심각하게 크리스천의 인생을 파괴하고, 신앙의 자유에 실제적인 위협이 되는지에 관한 사례입니다. 한국도 차별금지법을 처음부터 막지 않는다면, 이와 비슷한 일을 겪게 될 것입니다.

입양 사건을 담당했던 리처드 페이지 치안 판사가 '아이는 동성커플보다는 엄마, 아빠가 있는 가정에서 자라는 것이 가장 안전하다'는 의견을 제시했다는 이유로 소송을 당했다.[6]

Q11.

**친구가 동성애에 빠졌어요.
어떡하죠?**

엄마(아빠), 주변에 동성애를 하는 친구가 있어요. 학교에서는 동성애가 죄라는 걸 배운 적이 없는데, 크리스천인 나는 배웠잖아요. 그 친구를 어떻게 하면 좋죠?

실제로 교회에서 강의하다 보면, 이런 고민을 털어놓는 10대 청소년들을 만납니다. 자기 주변에 동성애자가 있는 걸 알게 되면, 대부분은 어떻게 해야 할지 모르겠다고 말합니다. 어떻게 대해야 할까요? 동성애를 반대한다고 해서 동성애자들을 괴롭히거나 미워하자는 뜻이 아닙니다. 동성애자든 아니든 사람 그 자체는 하나님의 사랑으로 바라봐야 합니다. 그들도 예수님을 믿고 구원받도록 예수님을 전하고 죄에서 떠나 회개하라고 가르쳐 주어야 합니다. 이웃을 사랑하는 과정은 똑같습니다. 친구가 동성애자라는 사실에만 매달리고 집중할 필요는 없습니다. 다만 동성애는 죄임을 분명히 알고, "가서 다시는 죄를 범하지 말라"(요 8:11)라고 하신 예수님의 마음으로 그들을 인도해야 합니다. "동성애는 인권이니 얼마든지 해도 돼"라고 말하는 것은 결코 사랑이 아닙니다. 그가 예수님을 주로 영접하고 성경 말씀대로 살아가기 위해 탈동성애를 결심할 수 있도록 도와야 합니다.

2018년에 발표된 "기독 청년의 동성애 인식 실태조사"는 서울, 경기, 인천, 대구, 경북 지역의 6개 교회 청년부에 소속된 남녀 청년 247명을 대상으로 실시되었는데, 몇 가지 의미 있는 결과가 나왔습니다.

첫째, 기독 청년이 동성애 관련 정보를 얻는 주된 경로는 인터넷(28.0%), TV(25.3%), 영화(18.8%)로, 교회가 아닌 일반 미디어인 것으로 집계되었습니다.[1]

둘째, 대부분의 기독 청년들이 동성애가 죄임을 분명하게 인식하고 있었습니다. 하지만 그중 17.8%는 개인의 선택을 인정해 주어야 한다는 이유로 동성애에 수용적인 태도를 보이는 것으로 나타났습니다.

셋째, 동성애는 죄라는 생각을 하는 데 가장 큰 영향을 준 것은 다름 아닌 교회 교육(46.5%)이었습니다. 반대로 동성애가 죄라는 생각에서 죄가 아니라고 뒤집히는 데는 '교회 태도에 대한 실망'(20.0%), '동성애의 선천성을 주장하는 학자'(16.7%), 'TV, 영화 등 미디어'(16.7%), '성경에 대한 의심'(16.7%) 등이 요인으로 작용했다고 합니다.

넷째, 교회별로 분석한 결과, 동성애가 죄임을 적극적으로 교육하는 교회일수록 교회의 동성애 대응에 대한 청년 성도의 평가가 대체로 만족스러운 것으로 나타났습니다.

다섯째, 연령별로 분석한 결과, 20대 초반 연령군이 동성애가 죄라는 것에 가장 무관심하며 심지어 가장 반대하는 것으로 나타났습니다. 성별에 따라 분석했을 때는 남성이 여성보다 성 의식에 관한 개방성이 비교적 높은 것으로 나타났습니다.

술병에는 "지나친 음주는 간경화나 간암을 일으키며 운전이나 작업 중 사고 발생률을 높입니다"라는 경고 문구가 붙어 있습니다. 이 문구는 음주자에 대한 혐오일까요? 아니면 국민을 음주 관련 질병으로부터 보호하기 위한 의학 정보일까요?

주류 과음 경고 문구

'흡연이 폐암과 각종 기관지 질환을 유발하는 행위'라는 공익 광고는 흡연자에 대한 혐오일까요? 아니면 흡연자의 건강을 지키기 위해 국가가 마땅히 기울여야 할 공익적인 노력일까요?

질문을 바꿔 보겠습니다. 지나친 음주가 간경화나 간암을 일으키고, 운전 등 사고 발생률을 높인다는 사실을 알고도 정부가 쉬쉬한다면 이것은 칭찬받을 일일까요? 아니면 비판받을 일일까요? 국가가 흡연이 위험 행위임에도 이를 알리지 않거나 에이즈 감염자의 다수가 남성 간 성 행위자라는 사실을 알리지 않는다면, 이것은 국민의 공감을 받을 만한 행위일까요? 아니면 무책임한 방임 행위라고 비판받을 행위일까요?

미국 질병관리본부가 발표한 "미국 청소년 에이즈 감염 경로의 90% 이상이 남성 간 성행위임이 설문조사를 통해 밝혀졌다"[2]라는 사실을 홈페이지에 그대로 게시하는 것이 동성애자에 대한 혐오일까요? 아니면 청소년을 보호하기 위한 정부의 임무일까요? 직면해야 할 문제들을 단순히 불편하다는 이유만으로 피하고 감추려는 것은 능사가 아닙니다.

"동성애는 인권이니 얼마든지 해도 돼"라고
말하는 것은 결코 사랑이 아니다.

Part 5.

차별금지법

Q12.

차별금지법의 제정을
왜 막아야 하나요?

엄마(아빠), 전 세계적으로 동성 결혼을 합법화하는 차별금
지법을 제정한 나라들이 늘어나고 있다는데요. 왜 우리는
차별금지법의 제정을 반대해야 하죠?

동성 결혼의 법제화 논쟁에 있어서 우리나라는 격전지라
고 할 수 있습니다. 동성 결혼을 합법화한 나라가 꽤 많아졌습니
다. 그런가 하면 우간다처럼 동성애자로 기소되면 종신형이나 최
대 사형까지도 가능한 반동성애법을 제정한 나라도 있습니다.[1]

동성 결혼의 법제화는 2001년 네덜란드를 시작으로 벨기에,
스페인, 캐나다 등 2023년 현재 35개국에서 이루어졌습니다. 아
시아에서는 대만이 유일합니다. 미국은 2015년에야 연방대법원
이 주법으로 동성 결혼을 금지한 14개 주에 동성 결혼의 강제 저
지를 중단해야 한다고 판결함으로써 미 전역에서 동성 결혼이 허
용되었습니다. 하지만 그 시작은 2004년 매사추세츠주로 거슬러
올라갑니다. 대체로 유명인들의 커밍아웃과 동성 결혼이 여론과

문화에 큰 영향을 줌으로써 입법에도 영향을 끼칩니다.

2001년	네덜란드 (4월 1일)
2002년	
2003년	벨기에 (6월 1일)
2004년	
2005년	스페인 (7월 3일), 캐나다[주 1] (7월 20일)
2006년	남아프리카 공화국 (11월 30일)
2007년	
2008년	
2009년	노르웨이 (1월 1일), 스웨덴 (5월 1일)
2010년	포르투갈 (6월 5일), 아이슬란드 (6월 27일), 아르헨티나 (7월 22일)
2011년	
2012년	덴마크 (6월 15일)
2013년	브라질 (5월 16일), 프랑스 (5월 18일), 우루과이 (8월 5일), 뉴질랜드 (8월 19일)
2014년	
2015년	룩셈부르크 (1월 1일), 미국[주 2] (6월 26일), 아일랜드 (11월 16일)
2016년	콜롬비아 (4월 28일)
2017년	핀란드 (3월 1일), 몰타 (9월 1일), 독일 (10월 1일), 오스트레일리아 (12월 9일)
2018년	
2019년	오스트리아 (1월 1일), 중화민국 (5월 24일), 에콰도르 (6월 12일)
2020년	영국 (1월 13일)[주 3], 코스타리카 (5월 26일)
2021년	
2022년	칠레 (3월 10일), 스위스 (7월 1일), 슬로베니아 (7월 8일), 쿠바 (9월 27일), 멕시코 (12월 31일)[주 4]
2023년	안도라 (2월 17일), 네팔 (6월 28일)
2024년	에스토니아 (1월 1일)

동성결혼 허용 국가 연대표(출처: 위키백과)

우리나라는 동성 결혼이 법제화되지 않았지만, 동성애자를 처
벌하지도 않습니다. 국가인권위원회가 동성애를 옹호하는 법을
만들었지만, 강제력이 없고 현재는 강제력이 있는 차별금지법을
발의할 것을 권고한 상태입니다.

우리나라에서 포괄적 차별금지법의 발의는 1997년부터 2022년
까지 계속되어 왔지만, 국내 여론의 반대에 부딪혀 제정에는 거
듭 실패해 오고 있습니다. 미국과 유럽의 여러 나라는 우리나라

가 이 법의 제정을 연거푸 막아 내는 것을 보고 굉장히 놀랐습니다. 외국의 많은 크리스천이 "포괄적 차별금지법은 반기독교법이니 반드시 끝까지 막으십시오" 하고 우리를 응원하곤 합니다.[2]

2020년에 정의당이 제출한 차별금지법안 제2조(정의)[3]를 보면, "'성별'이란 여성, 남성, 그 외에 분류할 수 없는 성을 말한다"라고 썼습니다. 이는 모든 성적 지향과 성별 정체성을 받아들이도록 강제하는 법안입니다.

2020년에 정의당이 제출한 차별금지법안 제2조 내용

만약에 이 법이 통과한다면, 위반할 시에 이행강제금이 부과될 수 있습니다. 이행강제금이란 '이행의 의무가 있는 자가 자신의 대체적·비대체적 작위의무 또는 부작위의무를 이행하지 않을 때 금전 수단을 통해 이행을 간접적으로 촉구하는 행정 절차'입니다.

예를 들어, 동성애 반대 발언을 한 A 목사님을 누군가가 국가인권위원회에 고발하면, "동성애 반대는 잘못된 발언이니 사과하라"라는 시정 명령을 받게 될 것입니다. 그런데도 A 목사님이 뜻을 굽히지 않으면, 3,000만 원 이하의 이행강제금을 내게 되는 것입니다(제41조부터 제44조까지). 한 번에 그치는 게 아니라 이행할 때까지 고발될 때마다 반복 부과될 수 있습니다. 이 외에도 여러 가지 형태의 처벌 조항이 있으므로 잘 인지할 필요가 있습니다.

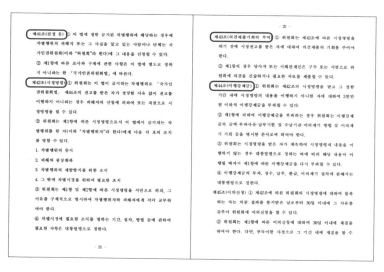

2020년에 정의당이 제출한 차별금지법안 제41조부터 제44조까지의 내용

우리가 차별금지법을 반대해야 하는 이유는 앞서 이 법을 제정했던 나라들의 사정을 보면 더욱 잘 알 수 있습니다. 2016년에 통과된 미국 캘리포니아주의 AB329법(Assembly Bill No. 329)은 공교육에서 결혼, 연애, 기타 삶의 영역에 관해서 교육할 때, 모든 성적 지향과 모든 성별 정체성(성전환 등)을 인정하도록 의무화한다는 내용입니다.[4]

AB329 (2015-2016. 캘리포니아 아동건강법안)

- 의무 교육법에 따라 캘리포니아 내 모든 공립 학교는 동성애와 성별 교체를 옹호하는 교육이 의무화 됨

- 성 건강 교육은 모든 성별과 성적 결정권들을 가진 학생들의 필요를 충족시키고 존중하며 연인이나 연애에 대한 예시를 제시할 때 동성애를 포함시키도록 의무화 됨

여기서 '모든 성적 지향'이란 '동성애, 이성애, 양성애'를 의미하고, '모든 성별 정체성'이란 타고난 성별과 자신이 원하는 성별이 일치하지 않을 때 또는 자신이 타고난 성별과 자신이 살아가고자 하는 성별이 일치하는 두 경우 모두를 인정한다는 것을 의미합니다. 즉 공교육에서 동성애 및 성전환을 인정하도록 주입하는

교육을 의무화하겠다는 것입니다.

이 법의 효력은 실로 엄청납니다. 만약 캘리포니아에서 어느 교사가 수업 시간에 "결혼은 한 남자와 한 여자가 하는 거야. 남녀의 아름다운 결혼으로 가족(family)이 시작된단다"라고 가르친다면, 바로 고발될 수 있습니다. 왜냐하면, 공교육 현장에서 동성 결혼이나 성전환을 배제한 발언을 하면 차별적 발언으로 AB329 법을 위반한 것이 되기 때문입니다. 놀랍게도 이 법을 준수하기 위해 캘리포니아주의 많은 공립학교가 교과서를 개정했다고 합니다.

차별금지법을 반대해야 하는 이유는
이 법을 제정했던 나라들의
사정을 보면 더욱 잘 알 수 있다.

Q13.

믿지 않는 친구들이
차별금지법에 대해 질문할 땐
어떻게 대답해야 하나요?

엄마(아빠), 크리스천들은 동성애를 옹호하라고 강요하는 차별금지법을 반대하잖아요. 그런데 하나님의 말씀을 믿지 않는 친구들이 차별금지법이란 말 그대로 차별을 금지하자는 것인데, 왜 반대하느냐면서 결국 사람을 차별하자는 거냐고 물어요. 어떻게 설명해 줘야 할까요?

우리가 소위 포괄적 차별금지법을 반대하는 이유는 여러 가지가 있습니다. 그 중 결정적인 것의 하나는 포괄적 차별금지법은 단순히 동성애자들을 차별하지 말자는 법이 아니라 동성애가 그릇된 일이다라고 말하는 사람들을 배제하거나 불이익을 주거나 심지어 처벌까지 하는 법이 될 수 있기 때문입니다. 즉 차별금지법의 본질은 동성애자들을 보호하는 데 있다기보다는 진리를 외치는 자들의 입을 봉하고자 한다는 데 있다는 것입니다.

믿지 않는 사람들에게도 동성애 반대에 관한 공감대를 얻을 만한 자료는 얼마든지 있습니다. 다음 몇 가지로 설명하고자 합니다.

1. 대법원 판결과 헌법재판소의 결정

우리나라 대법원은 판결문에 "동성 간의 성행위"를 "일반인에게 혐오감을 유발하고, 선량한 성적 도덕관념에 반하는 성적 만족 행위"로 규정했고(2008년)[1], 헌법재판소는 제정 군형법 제92조와 구 군형법 제92조 5항에 대하여 세 차례나 합헌 결정을 내린 바 있습니다(2002년, 2011년, 2016년).[2]

제정 군형법 제92조와 구 군형법 제92조 5항에는 '동성애'나 '동성연애'와 같은 표현은 없습니다. 그 대신 '계간(鷄姦)'이란 용어가 쓰였는데, 이는 국어사전에 '사내끼리 성교하듯이 하는 짓'으로 설명되어 있습니다.[3] 그런데 2013년에 개정된 현행 군형법 제92조 6항은 "제1조 제1항부터 제3항까지에 규정된 사람(이하 '군인 등'이라 한다)에 대하여 항문 성교나 그 밖의 추행을 한 사람은 2년 이하의 징역에 처한다"라고 정하고 있습니다.[4] 그런데 이와 관련하여 동성애를 옹호하는 단체에서 "현행법의 '항문 성교'는 '발기한 성기를 항문으로 삽입하는 성행위'로 이성 간에도 가능한 행위이고, 남성 간의 행위에만 한정하여 사용되는 것이 아니다. 따라서 현행 규정만으로는 동성 군인 간의 성행위를 처벌하는 규정이라는 해석할 수 없다"라는 논리로 해당 조항의 위헌 결정을 촉구하고 있습니다.[5]

1973년, '로 대 웨이드' 사건에서 낙태를 처벌하는 법률이 헌법적 권리에 대한 침해로 위헌이라고 판결한 미국 연방대법원의 최고 재판관이 이런 말을 했습니다.

"낙태 합법화 이후에는 연방대법원을 비난하지 마십시오. 여러분이 만든 여론이 입법에 영향을 주었고, 판례에 영향을 주었습니다."

그렇습니다. 여론을 형성하는 것이 굉장히 중요합니다. 진리의 유통량을 증가시켜야 한다는 뜻입니다. 그러기 위해서는 외쳐야 할 때와 침묵해야 할 때를 잘 분별해야 하는데, SNS를 통해 여론을 일으키고 필요할 때는 맹렬하게 싸울 줄도 알아야 합니다.

2. 표현의 자유

자유민주주의 국가에서 다른 건 다 비판해도 되는데, 동성애만은 비판하면 안 된다는 것은 궤변 아닙니까? 동성애를 옹호하는 사람과 반대하는 사람이 자유롭게 토론할 수 있어야 하지 않을까요? 그런데 동성애에 관한 찬반 토론 자체가 불가능하다면, 그건 독재에 지나지 않습니다.

어떤 사람은 동성애는 인종처럼 타고나는 것이라 찬성하고 반대할 문제가 아니라고 반박하기도 합니다. "나는 네가 백인인 걸 반대하고, 네가 흑인으로 사는 걸 반대한다"라는 것이 말이 안 되는 것처럼, 동성애 반대는 어불성설이라는 것입니다. 그러나 동성애가 타고나는 것이라는 명확한 증거가 없을뿐더러 최소한 '동성 간의 성행위'는 선택적 행위를 포함하므로 평등 사유 또는 차별금지 사유가 될 수 없습니다.

3. 동성 성행위의 보건 의학적 문제

실제로 성경적 성교육 현장에서 탈동성애를 결심하는 일이 종종 생기곤 합니다. 한번은 동성애의 보건상 문제점에 관한 강의를 마치고 나오는데, 한 청년이 다가와 단호한 목소리로 "약사님, 다시는 그런 거 안 할게요"라고 말했습니다. 직감적으로 동성애를 뜻한다는 생각이 들었습니다. 그는 자신이 타고난 동성애자라고 착각하며 살아왔다고 고백하며 동성 간의 성행위로 인해 걸리게 되는 질병이 많다는 사실을 알고는 다시는 하지 않기로 마음먹었다고 말했습니다. 해방감을 맛본 듯한 그의 표정을 보며 과장이나 미화나 왜곡 없이 동성애의 진실을 직면하는 일이 얼마나 중요한지를 다시금 느꼈습니다.

동성 간의 성행위에는 여러 문제가 뒤따릅니다. 그런데 이를 제대로 살펴보기가 여간 쉽지 않습니다. 정신적·정서적 문제에 관한 연구가 많지만, 학자들 간에 그 원인에 관한 의견이 분분하기 때문입니다. 그러나 동성 간의 성행위에 건강상 문제가 있음은 분명합니다. 수치화가 가능하며 객관적인 데이터를 얼마든지 수집할 수 있으니 인과관계를 증명할 수 있습니다.

그런데 직면해야 할 문제들을 단순히 불편하다는 이유만으로 피하고 감추는 것은 능사가 아닙니다. 동성애와 관련해 직면해야 할 사실들은 직면하고, 이를 해결하기 위한 방안을 모색해야 합니다.

1) 항문 관련 문제

• 미국, 배설기관 암 발생률 가파른 증가세… 전 세계 의학계 긴장

국민건강보험공단 홈페이지를 보면 건강검진 대상자들이 어떤 암을 검사받아야 하는지 나와 있습니다. 2018년은 위암, 대장암, 간암, 자궁경부암, 유방암 등인데, 각 암의 검진 주기도 함께 안내합니다. 미국 보건당국 역시 5대 암, 이른바 발병 빈도가 비교적 높은 암에 대해 조기 검진을 당부하고 있습니다.

미국 국립암연구소(National Cancer Institute)에 따르면, 미국은 1990년대 초부터 암 환자의 사망률이 감소하는 추세에 있습니다. 그런데 특이하게도 다른 암에 비해 흔하지 않은 항문암이 1975년부터 가파른 증가 추세를 보이고 있습니다. 국립암연구소 통계에 의하면 항문암은 최근 10년간 연평균 2.2%씩 증가하고 있으며, 사망률 역시 매년 2.9%씩 증가하고 있습니다.[6] 국립암연구소는 항문암 환자가 2018년 신규로 8,580명 발생할 것이며, 같은 해 1,160명이 항문암으로 사망하게 될 것이라고 추정치까지 발표한 바 있습니다. 이는 전체 암 중에서 25위에 해당하는 수치입니다.[7] 놀라운 점은 항문암 발병률이 증가하는 핵심 그룹이 동성 간 성관계를 갖는 남성이라는 것입니다.

사람유두종바이러스(HPV)는 종류가 다양하며 여러 가지 질병의 원인으로 작용합니다. 특히 항문암의 대표적인 원인이 되는 바이러스입니다. 전 세계적으로도 항문암의 주된 원인으로 사람유두종바이러스가 꼽힙니다. 사람유두종바이러스에 감염된 사람이 100% 항문암 발병으로 이어지는 것은 아니지만, 항문암에 걸릴 가능성이 상당히 커집니다. 국립암연구소는 미국 내 항문암 환자의 10명 중 9명은 사람유두종바이러스 감염인이라고 밝히고 있습니다.[8]

　미국 질병관리본부의 자료에 따르면 남성 동성애자들은 타 집단보다 월등하게 항문암에 많이 걸리는 것으로 나옵니다. 샌프란시스코에 거주하는 백인 남성 동성애자의 항문암 발병률이 특히 높다고 보고하고 있습니다.[9]

　미국 질병관리본부는 홈페이지에서 남성 동성애자들이 일반 남성들보다 항문암의 발병률이 17배나 높다고 게재하고 있습니다.[10] 특정 그룹의 발병률이 일반 그룹보다 2배 이상 높다면, 그 원인을 연구하고 대책을 세우는 것이 마땅합니다.

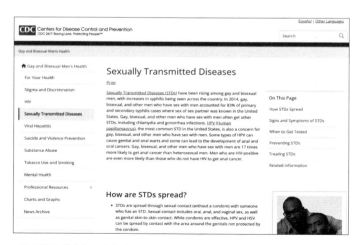

미국 질병관리본부(CDC) 홈페이지에는 남성 동성애자들이 일반 남성들보다 항문암의 발병률이 17배나 높다고 게재하고 있다.

2) 이질 등 대변 유래 질병

약대생으로 재학하던 1990년 중반, '이질은 이제 유행이 끝나가는 전염병'으로 배운 기억이 납니다. 세균성 이질은 이질균에 의한 장 감염증으로 지속적인 설사와 복통 등이 주로 나타나는 제1군 법정 전염병입니다. 심할 경우 경련이 일어나고, 합병증으로 독성 거대결장, 직장 탈출증 등이 나타납니다.[11]

이질은 대변 처리 시설이 미비한 개발도상국형 전염병으로 불립니다. 즉 위생적인 대변 처리 시설이 부족하고 상하수도 시설이 구축되지 않은 나라에서는 대변에서 유래한 각종 세균이 끓이지 않은 물이나 손을 통해 쉽게 옮겨지고 이에 따른 관련 전염병이 쉽게 유행하게 한다는 뜻입니다. 이질은 10개 정도의 적은 세균으로도 감염을 일으키기 때문에[12] 한번 유행하면 다른 설사병보다 그 전파력이 강합니다. 그러나 정화조의 등장으로 위생적인 분변 처리가 가능해지고, 상하수도 시설 보급, 비누와 항생제가 상용화됨에 따라 이질 환자는 급격하게 감소했습니다. 특히 위생 인프라가 잘 구축된 선진국에서는 이질 감염 사례가 대폭 줄어들고 있었습니다.

그런데 이런 흐름에 역행하여 미국, 영국, 일본 등 선진국에서 이질이 다시 등장하며 보건당국을 긴장시키기 시작했습니다. 남성 동성애자들을 중심으로 이질이 유행하기 시작한 것입니다.[13] 남성 동성애자 집단에서 이질이 유행해 보건당국을 긴장시킨 대표적인 사건은 바로 1974년 미국 샌프란시스코 이질 유행 사건입니다.[14] 이후 2001년 10월에도 샌프란시스코에서 남성 동성애자 사이에서 세균성 이질 유행이 추가로 보고됐습니다.[15] 그해 12월 독일의 베를린에선 이질이 남성 동성애자 사이에서 유행했습니다.[16] 캐나다의 브리티시컬럼비아주[17], 호주 시드니[18]에서도 이질이 남성 동성애자 사이에서 유행했는데 이들 도시의 공통점은 동성애자 비율이 다른 도시에 비교해 높다는 것입니다.

1999년 이후 미국, 캐나다, 일본, 유럽에서 발생한 이질은 대부분 남성 동성애자에 의한 것이었다고 유럽의 질병 조사 기관인 유로서베일런스가 보고하고 있습니다.[19] 엎친 데 덮친 격으로 최근에는 남성 동성애자의 이질 중 상당수가 항생제에 내성을 띠게 되어 기존 이질균을 죽이는 데 유효하던 항생제가 더 이상 듣지 않는 일이 많아졌습니다.[20] 이에 미국 질병관리본부는 내성을 가진 이질균을 막기 위해 홈페이지에 이질 예방 팸플릿까지 게시하

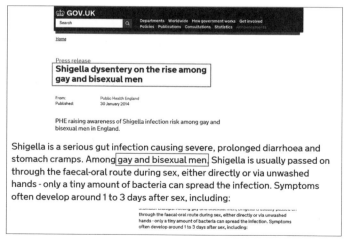

남성 동성애자들이 이질에 많이 걸리고 있음을 경고하는 영국 보건국 홈페이지

고 나섰습니다.[21]

상황이 이렇다 보니 '캘리포니아 건강경고네트워크 샌디에이고'는 일단 남성 동성애자가 설사하면 이질인지 아닌지 살펴봐야 한다고까지 경고하고 있습니다. 특히 '남성 동성애자는 이질균에 감염되지 않기 위해 구강-항문 접촉을 자제하고, 성기와 항문, 성 기구, 손 등을 잘 씻어야 한다'라고 촉구하고 있습니다.[22] 남성 동성애자들이 하는 성행위 특징상 대변에서 유래한 각종 세균이 입으로 들어가는 위험천만한 상황에 놓일 확률이 높기 때문입니다.[23]

3) 간염

매년 서울과 대구에서 퀴어 행사가 열리고 있습니다. 2018년 여름, 한 시민이 "퀴어 행사가 더 이상 시민의 공적 공간에서 개최되지 않도록 해 달라"며 청와대에 국민청원을 했습니다. 당시 '대구 동성로/서울 시청광장 퀴어 행사 개최를 반대합니다'라는 제목의 국민청원에 동참한 사람은 22만 명이 넘었습니다. 이후 '퀴어 행사 반대 청원 국민 20만 돌파' 등 관련 기사가 30개 넘게 쏟아져 나왔습니다. 퀴어 행사에 대한 국민의 불편한 심기가 드러난 것입니다.

네티즌들의 댓글을 보면 많은 사람이 퀴어 행사의 음란성을 인지하고 있는 것으로 보입니다. 그러나 퀴어 행사가 A형 간염이나 이질 같은 특정 감염성 질환을 확산시키는 통로가 되고, 세계 보건당국들이 이를 우려하고 있다는 사실을 아는 사람은 많지 않은 듯합니다.

영국 공중보건국이 퀴어 행사가 A형 간염이나 이질 같은 특정 감염성 질환을 확산시키는 통로가 되고 있다며 우려하고 있다.

    2017년 6월 세계보건기구(WHO)는 홈페이지에 '간염 발생은 주로 유럽 지역 및 아메리카 남성들과 성관계를 한 남성들에게 영향을 미친다(Hepatitis A outbreaks mostly affecting men who have sex with men —

158

European Region and the Americas)'라는 제목의 보고서를 게시하고, 미국과 유럽에서 매년 열리는 동성애자 축제가 A형 간염 확산을 부추기고 있음을 경고하기 시작했습니다.[24] 'A형 간염 확산의 주된 원인은 남성 동성애자 간 성적 접촉'이라는 사실을 WHO가 공식적으로 밝힌 것입니다.

World Health Organization

Home / News /
Hepatitis A outbreaks mostly affecting men who have sex with men –
European Region and the Americas

Hepatitis A outbreaks mostly affecting men who have sex with men – European Region and the Americas

7 June 2017 | Departmental news | Geneva | Reading time: 3 min (818 words)

Between June 2016 and mid-May 2017, an unusual increase in cases of hepatitis A affecting mainly men who have sex with men (MSM) has been reported by low endemicity countries in the European Region, and in the Americas (Chile and the United States of America).

In the European Region, 15 countries (Austria, Belgium, Denmark, Finland, France, Germany, Ireland, Italy, the Netherlands, Norway, Portugal, Slovenia, Spain, Sweden, and the United Kingdom) reported 1173 cases related to the three distinct multi-country hepatitis A outbreaks as of 16 May 2017.

세계보건기구(WHO)는 홈페이지에 A형 간염 확산의 주된 원인은 남성 동성애자 간 성적 접촉이라고 공식적으로 밝혔다.

미국질병관리본부는 남성 간 성행위자 간 A형 간염이 발생하는 이유를 '간염: 게이와 양성애자에 대한 정보(Viral Hepatitis: information for gay and bisexual)'라는 제목의 간염 예방 게시물에서 소개하고 있습니다.[25] 남성 간 성관계 시 대변-구강(fecal-oral)의 직접적 경로를 통해 오염되거나 성행위 시 오염된 손, 성 도구 등을 통해 간접적으로 오염될 수 있다는 것입니다.

남성 간 성행위 시 질병에 걸릴 위험성이 크다 보니 미국질병 관리본부는 남성 간 성관계를 할 때는 고무장갑과 입을 대변의 오염으로부터 보호하는 도구를 쓰는 게 낫다는 충격적인 경고까지 하고 있습니다.[26] 남성 간 성 접촉 시 성기와 입과 손을 대변 감염으로부터 보호하라는 내용의 문건은 이질 방지용 대국민 전단 형태로도 배포되고 있습니다.

2017년 봄, 영국 보건당국은 홈페이지에 게시한 주간보고서에서 2016년 7월부터 2017년 4월 2일까지 영국에서 발병된 A형 간염의 74% 이상이 남성 동성애자였다고 보고했습니다.[27] 그렇다 보니 영국 보건당국은 세계적으로 유명한 퀴어 행사인 '스페인 마드리드 게이 퍼레이드'에 참여할 사람들에게 A형 간염 백신을 맞고 참여하라고 공식 웹사이트를 통해 공지하는 상황에 이르렀습니다.[28]

전 세계적으로 여러 축제가 있습니다. 하지만 간염이 퍼져 나가는 축제이니 간염 예방 주사를 맞고 가라는 보건당국이 경고까지 하는 축제는 오로지 퀴어 행사뿐입니다. 그러나 대다수 한국 언론은 퀴어 행사를 미화하고, 동성 간 성관계의 위험성을 직시하지 않고 덮어 버리려 합니다. 심지어 동성애 옹호자들은 동성 간 성행위와 관련된 보건·의학적 통계를 인용만 해도 혐오자 혹은 가짜 뉴스 유포자라 매도하며 입을 막으려 합니다. 이와 같은 발상은 동성애자와 일반 시민들 모두에게 피해를 줍니다.

4) 에이즈

성교육 현장에서 가장 많이 받는 질문 중 하나가 바로 "에이즈는 어떻게 시작되었는가"입니다. 미국 질병관리본부는 홈페이지에서 에이즈 바이러스, 즉 인체면역결핍바이러스(HIV)가 처음부터 인류에게 있었던 것은 아니며 중앙아프리카에 서식하는 침팬지에서 시작되었다고 밝히고 있습니다. 원숭이 면역결핍 바이러스(SIV, Simian immunodeficiency Virus)가 인체에 들어와 사람 면역결핍 바이러스(HIV, Human immunodeficiency Virus)로 활동하게 됐다는 것입니다.[29] 쉽게 말해, 에이즈는 원숭이의 바이러스가 피를 통해 직접 인간의 혈중으로 들어오는 방식으로 질병 전파가 시작됐다는 것입니다. 이처럼 동물의 바이러스나 박테리아 등이 인간에게 전염돼 발생하는 질병을 동물원성 감염증(Zoonosis)이라고 합니다.

영국 공중보건국은 홈페이지에 55가지의 동물원성 감염증을 나열하고 있습니다. 에이즈뿐 아니라 탄저병, 에볼라, 조류 독감, 흑사병 등과 같은 치명적인 전염병들이 동물원성 감염증에 해당합니다.[30]

1970년대 남성 동성애자 그룹을 치료했던 의료진 사이에서 고민이 깊어졌습니다. 원인을 알 수 없는 질병이 이들 그룹에서 집중적으로 발견됐기 때문입니다. 지금은 에이즈라고 부르고 HIV

라는 바이러스에 의한 질병임을 알지만, 그 당시엔 원인조차 알
수 없었습니다.

1960~70년대 남성 동성애자들에게서 구강 칸디다, 카포시 종
양, 카리니 폐렴 등 다수의 병증이 집중적으로 나타났습니다. 의
사들은 이것이 진균증인지 암인지 박테리아성 질환인지 종잡지
못하고 있었습니다. 그래서 남성 동성애자들이 많이 걸리며 일반
인에게서는 찾아보기 힘든, 일종의 증후군이나 암의 일종 정도로
파악하고 있었습니다. 그러다가 나중에 에이즈 바이러스에 의한
것으로 판명됐습니다.

1981년, 미국 질병관리본부는 로스앤젤레스에 있는 남성 동성
애자 중 비교적 희귀한 형태의 폐렴인 카리니 폐렴에 관한 최초의
경고를 발표했습니다.[31] 같은 해 질병관리본부는 남성 동성애자
들 사이에서 암의 일종인 카포시 육종이 훨씬 자주 발생한다고 보
고했습니다. 처음에는 원인을 파악하지 못한 상태에서 이 질병을
'게이 암(gay cancer)'이라고 불렀습니다. 그러다가 GRID(gay related
immune deficiency, 게이 관련 면역 결핍증)로 이름을 변경했습니다. 그해
〈뉴욕타임스〉는 이런 질병 확산 현상을 "41명의 동성애자들에게
서 보인 희귀한 암(Rare cancer seen-in 41 homosexuals)"이라고 대서특
필했습니다.[32]

미국 질병관리본부는 수많은 연구 끝에 이 새로운 질병이 암이
아닌 전염병임을 밝혔습니다. 때마침 1983년 프랑스의 뤼크 몽타
니에(Luc Montagnier) 박사팀이 에이즈 바이러스를 분리하는 데 처

음 성공했고, 그 공로를 인정받아 노벨상을 받았습니다. [33]

• 복지부 '남성 동성애자 그룹은 1순위 에이즈 고위험군' 명시

대한민국 질병관리본부는 2014년 '국가 에이즈 관리사업 평가 및 전략개발' 보고서를 발표했습니다. 보고서 9쪽에는 "동성 간의 성 접촉이 우리나라에서 HIV 확산의 가장 흔한 경로"라고 명시하고 있습니다. 70쪽에는 "동성애자 중에서의 HIV 양성률이 성매매 여성들에서보다 훨씬 높은 우리나라의 역학적 현황을 고려한다면 콘돔 배포 활동은 남성 동성애자에게 집중되는 것이 타당하다고 하여야 할 것"이라고 명시하고 있습니다. [34]

더 나아가 보건복지부는 에이즈 확산의 주된 그룹이 남성 동성애자들임을 언급하고 있습니다. 보건복지부가 2010년 발표한 '제3차 국민건강증진 종합계획(2011~2015년)'에 따르면 남성 동성애자 그룹은 제1순위 에이즈 고위험군입니다. 또한, 471쪽에는 남성 동성애자의 콘돔 사용률과 에이즈 검사율을 높이는 것이 에이즈 확산을 막기 위한 가장 중요한 사업임을 명시하고 있습니다. [35]

보건복지부가 '국민건강증진'을 위해 수립한 에이즈 퇴치의 주된 사업명은 '16-가. 남성 동성애자 대상 에이즈 예방 교육 홍보 및 검진 상담소 운영 사업'입니다. 즉 국가의 에이즈 예방 사업명에 아예 '남성 동성애자'라는 단어가 들어가 있는 것입니다. 심지어 이 사업의 구체적 목표가 국내 남성 동성애자 그룹의 콘돔 사용률을 60%로, HIV 검사 수검률을 40%로 끌어올리는 것이라고

명시하고 있습니다.[36)]

중점과제 16. 에이즈

지표명	2008	2013	2020	관련 사업코드	사업명
16-1. 남성동성애자의 HIV 검사 수검률과 콘돔 사용률을 높인다.					가. 남성동성애자 대상 에이즈 예방 교육·홍보 및 검진상담소 운영 사업
남성동성애자의 콘돔 사용률	46.0%	67.5%	60.0%	16-가	
남성동성애자의 HIV 검사 수검률	22.0%	-	40.0%		
16-2. HIV 감염인 치료순응도와 삶의 질을 향상한다.					
의료기관 HIV감염인 상담사업 참여 의료기관 수	8개	18개	30개		
의료기관 HIV감염인 상담서비스	22.3%	50.6%	75.0%		

제4차 국민건강증진종합계획(2016~2020년) 322쪽

특히 '제4차 국민건강증진 종합계획(2016~2020년)'에는 남성 동성애자 사이에서 번지는 에이즈 감염 실태가 고스란히 나오는데 그 기록을 보면, 다음과 같습니다.

"역학 조사를 통해 감염 경로가 밝혀진 사례의 99%가량은 성 접촉으로 인한 감염 사례였음. 그중 이성 간 성 접촉과 동성 간 성 접촉으로 인한 감염 사례의 비율은 대략 6:4(3,364명:2,216명)로 이성 간 성 접촉이 더 많은 것으로 조사되나 전체 HIV감염인의 91.7%가 남성임과 동성애자 역학 조사의 어려움 등을 고려할 때 남성 동성애자 간 성 접촉이 주요 전파, 경로일 것으로 판단됨."[37)]

또한 종합계획 331쪽에는 "우리나라는 (에이즈 감염이) 남성 동성애자 중심의 국소적 유행을 보이므로 남성 동성애자를 목표 집

단으로 하는 예방사업이 가장 효과적"이라며 "남성 동성애자들의 HIV감염률이 일반 성인에 비해 '매우 높은 수준'"이라고 지적하고 있습니다.

상황이 이렇다 보니 보건당국은 에이즈 퇴치를 위한 주요 사업에 '남성 동성애자들의 성 행태 모니터링을 위한 감시 체계 정비'를 포함했습니다. 그뿐만 아니라 '남성 동성애자 등의 안전한 성 행동 실천 촉진을 목적으로 하는 교육 상담'을 에이즈 예방 사업에 넣었습니다.[38] 한국 보건당국이 남성 동성애자의 성 행태 감시 체계 정비를 중시하고 있음을 아는 국민은 많지 않습니다.

백신도, 완치제도 없는 질병일수록 감염 경로를 국민에게 알기 쉽게, 정확하게 알려 예방에 힘써야 합니다. 안타깝게도 오로지 에이즈만 성역화하고, 진실은 덮어 두자는 위험한 인권 논리가 한국 사회를 덮고 있습니다.

• **청소년 HIV 감염자 92% 남성 간 성 접촉, WHO '고위험군' 적시**

세계보건기구(WHO)는 홈페이지를 통해 에이즈 바이러스 감염의 핵심 집단으로 남성 간 성행위자(MSM, men who have sex with men)를 꼽았습니다. WHO는 그 외에도 마약 주사기 이용자, 성매매 종사자, 성전환자 등을 고위험군에 포함시켰습니다.[39]

미국 플로리다주 보건부는 2013년 5,400명이 신규로 에이즈에 감염되었다고 발표했습니다. 이는 미국 50개 주에서 최고치에 해당합니다. 플로리다주 보건당국은 이런 결과에 가장 큰 영향을 준 그룹으로 남성 간 성 접촉자를 꼽았습니다. 비단 플로리다주 뿐만 아닙니다. 미국 질병관리본부는 2017년 보고서에서 전체 미국 인구 중 2%를 차지하는 남성 동성애자들이 전체 에이즈 바이러스 감염인의 약 70%를 차지한다고 밝혔습니다.[40]

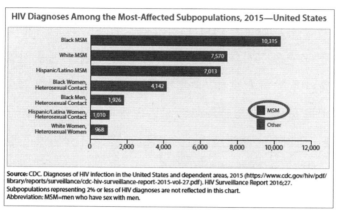

전체 인구의 2%에 그치는 남성 동성애자가 전체 HIV의 70%를 차지하고 있음을 경고하고 있다(출처: 미국 질병관리본부).

HIV 감염 경로가 남성 간 성행위로 쏠리는 현상은 청소년층에서 더욱 뚜렷합니다. 미국 보건당국이 에이즈 바이러스, 즉 HIV에 감염된 13~24세 총 7,535명을 대상으로 설문조사를 했는데, 약 92%에 해당하는 6,916명이 남성 간 성행위로 에이즈에 걸렸다고 밝혔습니다. 남성 간 성행위 및 마약 주사기 사용으로 에이즈에 걸린 그룹 228명까지 합하면 13~24세 에이즈 감염자 중 무려 94.8%가 남성 간 성행위를 한 것으로 집계됐습니다.[41]

Diagnoses of HIV Infection among Adolescent and Young Adult Males, by Age Group and Transmission Category 2011—United States and 6 Dependent Areas

Transmission category	13–19 years		20–24 years	
	No.	%	No.	%
Male-to-male sexual contact	1,664	92.8	6,354	90.8
Injection drug use (IDU)	23	1.4	117	1.7
Male-to-male sexual contact and IDU	37	2.1	232	3.3
Heterosexual contact a	67	3.7	294	4.2
Other b	0	0.0	0	0.0
Total	1,794	100	6,998	100

미국 청년/청소년 에이즈의 90% 이상이 남성 간 성관계를 하는 그룹임이 밝혀졌다
(출처: 미국 질병관리본부).

5) 기타 성병

• 미국 임질 환자 42% 남성 동성애자… 감염률 증가 주요인

임질(淋疾 · gonorrhea)은 임균에 의해 발생하는 성병입니다.[42] 성기의 점막이 감염되면서 염증을 일으킵니다. 성관계로 감염되며 음경, 질, 입, 항문 등을 통해 감염됩니다. 항생제 상용화 이후 임질도 매독과 마찬가지로 발생 빈도가 상당히 줄어드는 경향이 나타나고 있습니다.

남성이 임질에 걸리면, 요도염, 부고환염, 전립선염 등을 일으킬 수 있으며 남성 불임증의 원인이 될 수 있습니다. 여성의 경우 출혈, 소변 시 통증, 하복부 통증 등이 나타나며 치료하지 않으면 골반 내 염증, 불임증이나 자궁 외 임신을 초래할 수 있습니다.

임질 감염자 중 0.5~1%는 패혈증으로 이어집니다.

1985년 미국 웰러(I. V. Weller) 박사는 임질에 걸린 남성 동성애자의 40%가 소화기관인 직장에서 임질이 발견됐다고 보고했습니다.[43] 동성애를 하지 않는 일반인들은 그 발병 부위가 성기 주변인 것과 대조적입니다. 임균이 직장염을 초래해 남성 동성애자 등의 항문 성관계 시 HIV에 감염될 위험성을 더욱 높인다는 문제점도 제기됐습니다. 2006년 미국 가정전문의학회(American Association of Family Physicians)는 남성 간 성관계를 통해 임질에 걸릴 위험성이 높다는 내용을 발표했습니다. 특히 샌프란시스코에서 발생하는 임질의 50% 이상이 남성 동성애자이고, 과거 연구에서 동성애자의 15.3%가 임질이었다고 발표했습니다.[44]

남성 동성애자들의 임질 점유율은 샌프란시스코뿐 아니라 미국 전역에 걸쳐 높습니다. 2016년에 발표된 미국질병관리본부 자료에 따르면 미국 임질의 42.2%는 남성 동성애자들이 차지하고 있습니다. 동성애를 하지 않는 일반 남성이 전체 인구의 대부분을 차지하나 이들은 전체 임질 중 25.4%만 차지하는 것과 대조적입니다. 전체 임질 중 여성은 32.4%를 차지합니다.[45] 미국 전역에 2%가량 되는 남성 동성애자들이 전체 임질의 42%를 넘게 차지하고 있다는 사실은 시사하는 바가 큽니다.

미국 질병관리본부 성병 연례보고서에 따르면 동성애를 하지 않는 일반 남성이나 여성은 나이가 들수록 성병 감염률이 낮아집니다. 반면 남성 동성애자의 임질 감염률은 40세가 될 때까지 크게 줄어들지 않습니다. 40세가 넘어 소폭 감소하는 데 그칩니다. 여기서 남성 동성애자들은 전 연령대에 걸쳐 일반인보다 임질에 더 많이 걸린다는 사실을 알 수 있습니다. 일반인보다 더 긴 생애주기에 걸쳐 성병 환자로 살게 되는 셈입니다.[46]

영국 보건부는 공식 주간보고서를 통해 2014~2015년 남성 동성애자 사이에서 임질이 큰 폭으로 증가했다고 밝혔습니다.[47] 임질은 영국 남성 동성애자들에게 매우 흔한 성병이 돼 버렸습니다. 성건강클리닉을 찾은 남성 동성애자 중 임질이 생식기가 아니라 배설기관인 항문에 나타난 경우는 25%에 달합니다.

2015년 기준으로 영국 전역에서 발생한 임질의 70%는 남성 동성애자들에 의한 것이었습니다.[48] 2016년 영국 보건복지부가 공개한 보고서는 이러한 결과에 남성 간 항문 성교가 크게 작용했다고 명시했습니다.

그뿐만 아니라 남성 동성애자 중 15%가 입과 식도를 연결하는 인두 부위에서 임질 감염 현상이 나타났습니다. 이처럼 신체 여러 곳에서 동시다발적인 임균 감염이 일어난 남성 동성애자는 10%에 달했습니다.[49] 성병인 임질의 감염이 배설기관인 항문 (25%)과 인두(15%)에서 발생한 경우를 합치면 40%에 해당합니다. 동성애를 하지 않는 일반 남성 그룹에서는 관찰되지 않는 특이한 결과입니다.

항생제의 눈부신 발전 속에 임질은 의학적으로 완치 가능한 질병으로 분류됐습니다. 그러나 남성 동성애자에 의한 임질 전파는 세계 여러 지역의 임질 감염률 증가에 견인차 역할을 하고 있습니다.

여성 동성애자는 에이즈에 안 걸리죠?

레즈비언의 건강문제

동성애가 동성 간의 사랑을 뜻하는 만큼 남성끼리 또는 여성끼리 동성 간에 성행위를 한다면, 남녀 불문하고 동성애자라고 할 수 있다. 과거에 이성인 남성과 성행위를 한 경험이 있더라도 현재 동성인 여성과 성행위를 한다면 레즈비언이다.

남성 동성애자들이 에이즈의 주된 전파 경로인 것은 사실이지만, 레즈비언은 성병에 걸리지 않는다거나 건강상 아무 문제가 없다는 것은 아니다. 왜냐하면 레즈비언의 성행위가 건강상 위험한 면이 있고, 이들은 마약 사건, 성폭력, 성 착취, 성매매 등에 관여되는 일이 잦기 때문이다. 한마디로 레즈비언의 생활 패턴 자체가 에이즈 감염에 취약하다는 뜻이다.

여성 동성애자(레즈비언)의 건강에 대한 연구는 남성 동성애자의 건강에 대한 연구만큼 많이 진행되어 있지는 않다. 하지만 보건당국이 제공하는 자료나 레즈비언에 관한 논문 등을 통해 공통적으로 나타나는 보건·위생 상황을 알 수 있다.

안타깝게도 여성 동성애자의 건강이 동성애를 하지 않는 일반 여성들보다 좋지 않음을 시사하고 있는 보고서가 대부분이다. 미국 보건복지부 산하 미국 여성 건강국(Office of Women's Health)은 아예 레즈비언 건강을 다루는 코너가 따로 있다. 일반 여성과 건강 상황이 여러모로 다르다는 것을 체계적으로 보여준다.[50) 우선 여성건강국은 레즈비언들은 일반 여성보다 심장병에 걸릴 가능성이 높다고 경고한다.

미국 여성건강국은 레즈비언의 건강 문제를 별도의 카테고리로 분류해 놨다.

여성 동성애자들은 높은 비만율과 흡연율, 스트레스를 갖고 있으며 이런 습관은 모두 심장병의 위험요인이라고 경고하고 있다. 물론 비만과 흡연 등은 동성애를 하지 않는 일반 여성들에게도 심장병 발생의 가능성을 증가시키는 요인이다.

레즈비언과 양성애자 여성은 일반 여성보다는 높은 스트레스 비율을 가지고 있다. 여성건강국은 이런 습관이 모두 심장병의 위험 요인이므로 레즈비언과 양성애자 여성들은 심장병을 잘 예방하도록 주치의와 상의하라고 권고하고 있다.

많은 보고서가 여성 동성애자는 일반 여성보다 3~4가지 암에 더 많이 걸린다고 경고한다. 여성 건강국에 따르면 레즈비언은 자궁경부암, 난소암, 유방암, 폐암 등에 걸릴 위험이 일반 여성보다 높다. 임신과 모유 수유 중에 생성되는 유익한 호르몬들에 의해 유방암, 자궁내막암, 난소암 등이 예방될 레즈비언은 10개월을 다 채우는 정상적인 임신을 할 가능성이 낮아 이러한 호르몬 분비로 예방되어질 수 있는 암들에 많이 걸린다고 여성 보건당국은 전하고 있다.

미국 질병관리본부에 따르면 레즈비언 파트너 간 폭력은 일반인의 가정 폭력보다 더 은밀하게 일어나고 있다.[51] 또한 레즈비언 중 44%는 성폭행이나 성추행을 경험했고, 여성 양성애자들의 경우에는 그들의 성관계 파트너에게 61%[52]나 폭행을 당했다. 여성 양성애자는 성관계 파트너에게 37%가 스토킹을 당했으며 강간을 당한 여성 양성애자 중에서 48%는 청소년기에 해당하는 11~17세 사이에 피해를 입었다. 화이트헤드 박사팀 역시 레즈비언 그룹인 동성 파트너 폭행이 일반인들에 비해 1.5배 더 많다는 보고를 한 바 있다.[53]

레즈비언들은 일반인에 비해 일찍 사망하는 것으로 조사됐다. 라이프 사이트에 의하면 노르웨이에서는 이성애자 남성이 평균 77세에, 31명의 동성애자가 52세에 사망했다. 덴마크에서는 기혼 여성들이 평균 78세에 사망한 데 비해 91명의 레즈비언들이 평균 56세에 사망했다. 노르웨이에서, 남성과 결혼한 여성들은 평균 81세로 사망했으나 6명의 레즈비언은 56세에 사망했다.[54]

덴마크와 노르웨이의 경우 레즈비언들이 일반인에 비해
평균 수명이 짧은 것으로 조사됐다.

레즈비언이 에이즈에 취약한 이유

레즈비언과 에이즈는 어떤 관련이 있을까. 이 질문은 보통 거의 모든 강의장에서 받는 질문이다. 많은 사람이 레즈비언은 에이즈에는 잘 안 걸린다고 알고 있다. 그런데 최근 이런 인식을 뒤집는 보고서와 논문이 나오고 있다. 미국 보건복지부는 질병관리본부의 자료를 인용하여 1996년 당시 에이즈에 걸린 85,500명 여성 중 1,648명이 여성과 성관계한 여성(wsw)이라고 보고했다.[55]

남아프리카공화국 레즈비언 에이즈 감염보고도 참조할만하다. 남아공은 동성 간 성접촉에 따른 에이즈 감염인이 많은 나라다. 남아공은 동성 간 결혼이 2006년 통과된 나라로[56] 넬슨 만델라의 차남이 남성 동성애자로 살다가 에이즈로 사망하기도 했다.[57] 동성애를 반대하는 미국의 목사가 남아공에 입국하지 못하도록 비자 발급을 거부한 사건이 있을 만큼 친동성애 정책을 펼치는 나라다.[58] 그런데 2015년 6월 남아공의 항구도시 더반에서 열린 에이즈 컨퍼런스에서 충격적인 보고서가 나왔다.

오베르트 박사는 남아공 레즈비언들이 성관계, 마약, 강간, 남성과의 성관계, 매춘 등에 연결된 경우가 많기 때문에 일반 여성보다 에이즈에 많이 걸리고 있다고 발표한 것이다.[59] 이 보고서는 그간의 여성 동성애자의 에이즈 감염문제를 간과한 게 잘못된 것이 아니냐는 비판이 나오는 계기가 됐다.

The Herald

Lesbians in South Africa are at risk, say researchers

2015년 6월 11일

CLAIMS that South African lesbians are at zero risk for HIV are a myth.

This is according to two foreign researchers speaking at the SA Aids conference in Durban yesterday.

Dr Gemma Oberth, a...

남아공 헤럴드 기사: "남아프리카 공화국의 레즈비언들이 위험에 처해있다고 조사원들이 말하다"[60]

또한 9%의 여성 중 약 40%가 월경 중 콘돔 없이 성관계를 가졌다고 보고했다. 키스비 박사는 이런 것이 위험행동이라고 지적했다. 그는 NGO와 정부 정책이 전체적으로 레즈비언의 에이즈 확산을 방치해 왔다고 꼬집었다.

화이트헤드 박사는 레즈비언들은 일반인보다 난교(pro-miscuity)를 4배 가까이 많이 하고 있다고 발표한 바 있다.[61]

레즈비언 100명 중 9명이 에이즈에 감염된 남아공의 현실은 사회적으로 충격을 줬다. 그것은 단순히 여성 간 성관계 뿐 아니라 기타 위험요소를 많이 포함하고 있는 복합적인 여성 동성애자들의 생활패턴

이 결국 위험한 결과로 나타난 것이 아니냐는 지적이 일었으며, 결국 '이것이 과연 남아공 레즈비언들만의 문제일까'라는 합리적 의문을 갖게 했다.[62]

미국 질병관리본부는 주간 보고서를 통해 WSW, 즉 여성 동성애자의 에이즈 감염에 무감각했던 사실과 미국에서 발생한 여성 동성애자들의 에이즈 감염 사례를 소개하면서 여성 동성애자들의 에이즈 문제를 간과해선 안 된다고 지적했다.[63]

그러나 에이즈 감염이 남성 동성애자들에게 집중되고 있는 대한민국이나 미국, 영국 등 아프리카가 아닌 국가들은 여성 에이즈 감염자들이 남성들을 통해 옮게 되는 경우가 절대적으로 많다.

참고로 미국에서 여성은 2015년에 신규로 발생한 3만 9513건 의 HIV감염 중 19%(7402건)를 차지했다.[64]

같은 해 한국에서 신규 에이즈 감염자들 중 국내에 있는 외국인을 제외한 내국인을 기준으로 했을 때 남자는 974명, 여자는 44명으로 여자가 4.3%를 차지했다.[65]

미국이나 남아공처럼 국내 여성 동성애자들의 에이즈 감염이 보고된 적이 있다. 한국에이즈퇴치연맹과 남서울대 이주열 교수팀이 발표한 고위험군 성행태 및 에이즈 의식조사 보고서를 보면 2004년 당시 생존해 있던 에이즈 감염인 1930명의 13%에 해당하는 258명(남성 232명, 여성 26명)을 대상으로 설문조사한 결과 여성 감염인 2명이 동성 간 성행위로 에이즈에 감염됐다고 밝혀졌다.

여성 동성애자가 에이즈로부터 자유하다는 정보가 사실이 아님이 국내에서도 밝혀진 것이다. 레즈비언 간 성행위로 에이즈가 전파된 사례는 뉴스 보도에 소개되었다.

국내 처음으로 2명의 여성 동
성애자가 동성 간 성행위로
에이즈에 감염되었다고 보도
하고 있다(2004년 1월 7일
KBS 뉴스).[66]

남아프리카 레즈비언들을 조사한 연구가들의 보고서를 기사화한
일간지 더 헤럴드는 다음과 같이 보도를 했다.

"Claims that south africa lesbians are at zero risk for HIV are a myth."
(남아프리카의 레즈비언들이 HIV에 감염될 확률이 제로라는 주장은 미신에 불과하다.)

믿지 않는 사람들에게도
동성애 반대에 관한 공감대를
얻을 만한 자료는 얼마든지 있다.

Q14.

차별금지법이 통과된 나라들이
겪는 문제점은 무엇인가요?

엄마(아빠), 차별금지법이 통과된 나라에서는 어떤 일들이
벌어지나요?

앞에서 예로 들었듯이, 미국 캘리포니아주에서 통과된
AB329법에 따라 공교육 현장에서는 연인, 연애, 가족 등 기본적
인 구성을 이야기할 때조차도 동성애를 포함하도록 의무화하고
있습니다. 이러한 교육을 받고 자라난 아이들은 성경이 틀렸다고
인식하게 되고, "기독교인들은 이성애 중심적이며, 동성애를 혐
오한다"라는 가치관을 갖게 됩니다. 이처럼 차별금지법이 통과된
나라들은 영적으로 심각한 상황에 놓이게 됨을 알 수 있습니다.

실제로 미국 글렌데일초등학교에서 사용하고 있는 1학년 교과
서에는 "가족은 어떻게 만들어지나?"(What makes a family?)라는 단
원이 있는데, 여자끼리의 결혼, 남자끼리의 결혼, 남자와 여자 간
의 결혼을 모두 정상 결혼으로 기술하고 있습니다.[1] 이렇게 잘못

된 결혼관을 배운 아이들은 급기야 이런 이야기를 하기 시작했다고 합니다.

"엄마, 결혼은 남자와 여자만 하는 것이라고 교육하는 것은 동성 간 결합을 꿈꾸고 있는 사람들의 마음에 모욕감과 수치심을 주는 차별적 발언이에요. 고발당할 수도 있어요. 결혼은 남자끼리도 여자끼리도 가능한 거예요."

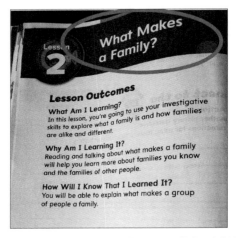

미국 글렌데일초등학교에서 사용하고 있는 1학년 교과서 실태

AB329법에 따라 교과서, 가정통신문, 문제집, 해설서 등 교과과정에 필요한 다수의 참고서가 반성경적인 내용으로 채워지고 있습니다. 교과서 내용을 그대로 수용하고, 시험 문제를 맞힌 아이들은 당연히 좋은 점수를 받습니다. 하지만 신앙의 양심에 따라 동성 결혼을 인정하지 않고 이성과의 결합만이 옳다고 답한 아이들은 불이익을 당합니다.

성적 지향(sexual orientation)은 영문 앞 글자를 따서 'SO'라 하고, 성별 정체성(gender identity)은 'GI'라 부른다고 전술한 바 있습니다. 그래서 동성애와 성전환을 옹호하는 운동을 SOGI(소지) 운동이라고 하기도 합니다. 현재 미국의 학교들은 바로 이 SOGI 운동, 즉 LGBT(레즈비언, 게이, 양성애자, 트랜스젠더) 운동의 현장이 되어 버린 것입니다.

어쩌다가 공립 학교가 LGBT 옹호 운동의 장이 되었을까요? 캘리포니아주가 차별금지법을 막아 내지 못했기 때문입니다. AB329법이라는 악법의 물꼬가 한번 트이자 그 효력으로 각종 유사한 법들이 뿌리를 내리게 되었고, 결국 교과서와 교실 현장을 점령하게 된 것입니다. 제2의 진화론 교육을 보는 듯합니다.

심지어 일부 동화책[2]은 아이들이 좋아하는 동물을 캐릭터화하여 레즈비언 부부나 게이 부부가 모두 정상이라는 개념을 심어 주고 있습니다. 이렇게 교육받고 자라난 아이들은 어설픈 정의감으로 성 소수자의 보호를 위해 앞장서게 되기도 합니다.

동화책 속 결혼, 부부, 가족의 개념 변화

이것이 전부가 아닙니다. 이미 악법이 통과된 뉴욕에서는 출생 증명서의 성별란에 여자, 남자 외에 '기타'의 항목이 있고, 캐나다 또한 출생신고서의 성별란에 '미결정' 혹은 '미지정'을 뜻하는 'U'가 기재된 의료카드를 발급하고 있습니다. 영국 페이스북은 71개의 젠더가 있다고 말하고, 네팔의 입국신고서 성별란에는 '기타' 항목이 있습니다. 스웨덴에서는 교회 건물에 성 중립 화장실이 있습니다. 그 외 스포츠 분야에서도 남성이 여성 대회에 출전하는 등 여러 가지 문제가 발생하고 있습니다. 차별금지법이 통과된 많은 나라에서 신앙의 양심에 따라 말하고 행동하는 수많은 크리스천이 소송에 시달리며 생계에 위협을 받고 있습니다.

영적 전쟁은 휴전도 중립도 회색 지대도 없습니다. 우리 자녀는 둘 중 하나를 선택해야 합니다. 예수님의 이름을 걸고 믿음으로 나아가는 주님의 군사가 되든지 아니면 십자가를 향해서 불화살을 쏘아 대는 사탄의 군사가 되든지 선택해야 할 것입니다. 즉 우리 자녀의 운명은 천국의 자녀가 되든지 아니면 지옥의 자식이 되든지 둘 중 하나입니다. 자녀의 앞날을 위해 기도하며 가르쳐야 한다고 성경이 말합니다.

오늘 내가 네게 명하는 이 말씀을 너는 마음에 새기고 네 자녀에게 부지런히 가르치며 집에 앉았을 때에든지 길을 갈 때에든지 누워 있을 때에든지 일어날 때에든지 이 말씀을 강론할 것이며 너는 또 그것을 네 손목에 매어 기호를 삼으며 네 미간에 붙여 표로 삼고 또 네 집 문설주와 바깥 문에 기록할지니라 신 6:6-9.

그동안 대한민국 교회처럼 동성애에 관해서 관심 없었던 나라
가 없습니다. 하나님이 죄라고 말씀하신 것을 죄라고 인정해야만
회개할 기회가 있습니다. 따라서 한국 교회는 차별금지법이라는
악법을 반드시 막아 내야 할 것입니다. 우리의 반대는 동성애를
죄라고 말하는 사람들에게 철퇴를 가하려고 하는 차별금지법에
대한 저항입니다. 저항이자 곧 방어입니다.

Man of God

Part 6.

부모의 질문

Q15.

나 자신이 간음죄를 저지른
죄인인데 과연 아이에게
성경적 성가치관을
교육할 자격이 있을까요?

선생님, 저 자신이 죄가 많고 불완전한데, 자녀를 어떻게 가르치나요?

주님은 우리에게 하나님의 백성인 자녀를 맡기셨습니다. 우리를 양육자의 자리에 세우셨습니다. 그러니 내가 완벽하지 않아서 아이들을 올바로 가르치지 못하겠다고 말하지 마십시오. 나는 지은 죄가 많아 성경적 성교육을 할 만한 사람이 못 된다고 자책하지 마십시오. 그것은 사탄이 좋아할 만한 얘기일 뿐입니다. 우리가 완벽하고 깨끗해서 하나님이 우리에게 복음을 맡겼을까요? 우리가 완벽해서 복음을 전해 받았을까요? 주님은 불안전한 우리에게 완벽한 복음을 맡기시고, 미련한 발걸음으로 복음을 전하게 하셨습니다. 우리가 기도하면 하나님이 일하십니다. 일하실 때, 사람을 들어 사용하십니다. 그것에 감사하십시오.

대한민국에선 흡연, 마약, 성매매, 동성 간 성행위, 혼외정사,

간통 등 개인이 '선택'한 특정한 행위에 대한 칭찬이나 비판을 자유롭게 표현할 수 있습니다. 문제가 있는 행위에 대한 윤리적 판단을 내리고, 의견을 표명하는 것은 특정 그룹에 대한 혐오도 아니고 인권 침해는 더욱 아닙니다. 오히려 아무 말도 하지 못하게 강제하는 것이야말로 인권을 돌보지 않는 행위이며 불의한 행위입니다.

그런데도 수많은 소위 성 소수자 인권 단체가 무엇 때문에 동성애를 반대하는 발언을 극구 저지하는지, 무슨 이유로 이렇게까지 필사적으로 진실을 덮으려고 하는지 생각해 봤습니다. 그들은 상대의 인격은 안중에도 없고, 원하는 대로 움직이지 않으면 얼마든지 괴롭혀도 되는 성가신 존재로만 인식하는 것 같습니다. 동성애의 문제를 성교육 시간에 교육하는 사람에 대해 이런 행동을 하는 사람들을 봅니다.

그들은 우리가 동성애를 혐오한다고 비난하며 혐오자라는 낙인을 찍고 거리낌 없이 윽박지르며 위협합니다. 거짓을 강요하는 해머질은 누가 봐도 비상식적 폭력 행위이며 이것이야말로 진짜 혐오입니다.

우리는 자녀를 위해 맞서 싸워야 합니다. 우리에게는 동성애가 그릇된 일이며 위험천만한 행동이라는 것을 알려 주는 제도가 필요하고, 교육이 필요합니다. 그런데 그걸 입 밖에 내지도 못하게 하는 것이 문제입니다. 동성 결혼의 합법화는 당연히 반성경적임을 알리고 저항해야 합니다. 그러기 위해서는 동성애 문제에 관해 배운 것들을 주변 지인들과 나누는 것도 좋고, 댓글로 알릴 수도 있습니다. 무엇보다도 자신이 하는 일을 통해 주님께 영광 올려 드리고, 자기 은사를 통해 진리의 동량을 증가시키는 것이 중요합니다.

사실, 우리 자녀들은 동성애 이슈뿐 아니라 부모에게 물어볼 게 굉장히 많을 것입니다. 그런데 아이의 입을 틀어막아 버리는 부모가 있습니다.

"얘, 넌 그걸 질문이라고 하니? 어디서 이상한 얘길 듣고 왔네. 요즘 애들 큰일이야. 큰일!"

이런 자세로는 아이와 대화를 나눌 수 없습니다. 아이는 온화하고 부드럽게 말하는 부모에게 고민을 상담하고, '엄마 아빠가 내게 바른길을 제시해 줄 거야. 나를 도와줄 거야' 하고 마음으로 의지할 것입니다. 결국, 우리는 복음의 원점으로 돌아가야 합니다. 비록 불완전한 양육자이지만, 자녀들을 끌어안고 주님께로 나아가는 부모가 되어야 하겠습니다.

"우리 무릎은 죄 앞에 꿇으라고 만들어진 게 아니다"

지난해 지인으로부터 우려스러운 제보를 받았다. 내 사진을 벽에 붙여 놓고 해머를 내리치는 장면이 동성애자 단체의 SNS 계정에 게시돼 있다는 것이었다. 그러니까 당분간 조용히 지내는 게 좋겠다는 걱정 어린 충고였다.

지인의 말대로 정말 동성애자 단체는 사무실을 이전하는 날 내 사진을 벽에 붙여 놓고 해머로 내리찍는 폭력적인 행사를 하고 사진을 촬영했다. 그리고 그걸 만천하에 알리고 싶었는지 그들의 공식 SNS 계정에 올렸다.

나는 지자체, 교육청, 국공립 및 사립학교, 종교단체, 기업 직원 교육, 기타 학부모 단체나 시민단체 등으로부터 동성애의 의료 보건상 문제를 알려 달라는 요청을 받고 강의를 해 왔다. 약사로서는 나름 국내뿐 아니라 타국 약사 고시까지 합격하고, 각종 세미나에 빠지지 않고 참여하며 게으르지 않은 의료 보건인으로 살아가고자 노력했었다.

알다시피 강의라는 것은 주최 측이 초빙해 주어야 할 수 있는 것이지 내가 임의대로 가서 맘대로 할 수 있는 것이 아니다. 즉 그들의 '선택'을 받아야 하는 것이다. 주최 측은 그들에게 필요한 교육의 주제에 맞는 강사를 불렀고 나는 그들이 요구한 주제에 맞는 내용의 강의를 해 온 것이다.

나는 강의장에서 대한민국을 포함해 각국의 질병관리본부가 제공하는 동성 간 성행위의 의료 보건적인 문제를 홈페이지에서 그대로 캡처해서 강의 시간에 활용한다. 요즘은 워낙 인터넷이 활성화됐기 때문에 해외 보건당국들은 홈페이지를 통해 유용한 자료를 공개한다. 그리고 일반인들이 언제든 원하는 자료를 열람할 수 있게 해 두고 있다. 굳이 세계보건기구나 유엔 산하 에이즈 관리국, 미국, 영국, 캐나다 등의 보건국을 직접 안 찾아가도 웬만한 자료는 다운로드하여 활용할 수 있게 되어 얼마나 편리한지 모른다.

영국 보건당국은 남성 간 성행위로 인해 간염과 이질 설사, 그리고 에이즈 등에 많이 걸리고 있음을 객관적인 통계로 경고하고 있다. 미국 역시 남성 동성애자들이 에이즈, 성병, 간염, 항문암에 높은 유병률을 보이고 있다고 알리고 있다. 캐나다 또한 남성 간 성행위자의 장기 이식도 제한하고 있고 그들이 일반인들보다 에이즈와 특정 질병에 많이 걸리고 있음을 객관적인 통계로 경고하고 있다.

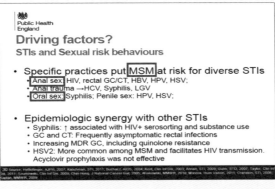

영국 보건당국이 남성 간 성행위자가 일반인보다 에이즈와 특정 질병에 많이 걸리고 있음을 홈페이지에 게재했다.

보건당국이 공개하고 있는 공신력 있는 자료들을 그대로 인용한 강의를 주로 하다 보니 우리나라 최초의 국가 차원 성교육 표준안 공청회 및 좌담회에 교육부와 여성정책당국의 공식적인 요청을 받아 발제자로 수차례 서기도 했다. 2013년에는 서울에 소재한 S대 보건대학원전문인과정(HPM)에서 '동성애의 확산에 따른 의료보건비용의 증가'라는 제목의 발표를 통해 이듬해 해당 학교 보건대학원 학장이 주는 우수 연구상을 수상하기도 했다.

그런데 문제가 발생했다. 이런 팩트를 말하지 말라는 압박이 들어오기 시작한 것이다. 자칭 동성애 인권 운동가라고 하는 사람들이 내가 주최한 에이즈 예방 캠페인에 와서 행패를 부리는가 하면, 그들의 회의에 내 이름이 오르내리고 있다는 제보 등이 들려왔다. 그들의 요구는 '팩트'를 말하지 말라는 것이었다.

동성 간 성행위가 신규 에이즈 감염의 주된 전파 경로가 사실임에도 불구하고 그들은 현실을 거짓으로 포장하고 에이즈와 동성애가 무관하며 콘돔만 잘 쓰면 된다고 말하라고 압박했다.

이는 남성 간 성행위의 주된 양상이 항문 성교라는 해외 보건당국의 설명, 그리고 이런 잘못된 성행위로 인해 남성 동성애자들에게 여러 성병과 간염이 압도적으로 많이 발생하고 있음도 이를 절대로 폭로하지 말고 오히려 그들을 이른바 '성 소수자'로 미화하여 보호하고 지지해 주고 배려해야 할 존재로만 말하라는 것이다.

나는 그것을 거절했다. 아니, 그들의 그런 압박과 요구를 받아들일 수 없었다. 그것은 나에게 '사실을 은폐하고 거짓말을 하라'고 강요하는 것이기 때문이다.

그래서일까. 결국 그들은 해머를 들었다. 그리고 내 사진을 내려찍었다. 그리고 거기에 그치지 않고 인터넷에 게시했다. 이제 너는 밤길을 조심해라. 죽기 싫으면 지금이라도 에이즈나 성병 등에 대한 팩트는 절대 알리지 말라는 협박과 모욕을 가한 것이다.

자칭 '동성애 인권 운동가'라고 하는 사람들이 '팩트'를 말하지 말라고 했으나
이를 거절하자 내 사진에 해머질하는 장면을 SNS에 게재했다.

마약, 성매매, 동성 간 성행위, 혼외정사, 간통 등 '특정 행위'에 대해
우리는 얼마든지 비판할 수 있다. 그러나 '특정 인물'을 지목해서 모욕
을 주고 살해 협박에 가까운 행동을 하는 것은 불법이다. 그런 폭력적
인 행위를 하고도 반성은커녕 그것을 SNS에 올린 단체가 버젓이 '인권
단체'라는 이름을 달고 있는 것을 보며 나는 곰곰이 생각에 잠겼다. 그
들은 왜 이렇게까지 필사적으로 진실을 덮으려고 할까.

나는 두 자녀의 엄마다. 또한 한 남자의 배우자다. 손주와 사위 그리
고 딸을 걱정하고 사랑하는 평범한 노부모의 자녀이면서 교회 공동체
에 몸담은 성도로 살아가고 있다. 그런데 그들은 그런 것은 안중에도
없었다. 얼마든지 괴롭혀도 되는 성가신 존재였다. 동성 간 성행위의
부정적 측면을 일체 알리지 말라는 그들의 요구에 불응하는 사람으로
나를 지목한 것이다. 그리고 이런 팩트 체크 강의가 그들 심기를 거스
르니 말도 안 되는 혐의를 뒤집어씌우고 '혐오자'로 정의하고자 했고 이
도 저도 안 되니 협박 퍼포먼스까지 한 것이다.

해머질은 누가 봐도 비상식적인 폭력 행위다. 그런데 그것을 1년 가까이 인권의 이름으로 게시한 해당 단체는 자칭 '성 소수자'로 구성된 '인권 단체'라며 버젓이 홈페이지를 운영하고 있다.

그런데도 나는 '해머를 든 사람들'의 요구대로 동성애와 에이즈가 무관하다고 말해 줄 수 없다. 왜냐하면 그것은 사실이 아니기 때문이다. 인간은 길 가다가 해머에 맞든 안 맞든 한 번은 죽게 되어 있다. 이후 천국과 지옥 중 한 곳으로 가게 된다. 망치에 맞든 안 맞든 한 번은 육을 벗는다. 이 땅에서의 죽음을 맞이하게 될 것이다. 그들의 협박은 나를 그다지 위축시키지 못한다.

그리스도의 자녀들이 육을 벗고 갈 곳, 그 실상은 우리의 믿음대로 천국이다. 그러기에 나를 핍박하고 혐오자로 몰고 심지어 그 모든 억울한 혐의를 이 땅에서 다 벗지 못한 채 망치를 든 자들 앞에 서 있다가 이 땅을 떠나도 억울하기만 하진 않을 것이다. 우리에겐 그 누구도 뺏을 수 없는 천국 소망이 있기 때문이다.

다만 동성애 단체의 겁박을 본 우리 가족들의 상처, 아이들의 눈물, 노부모님의 염려 앞에서 미안할 따름이다. 해머 살인 세리머니 사진을 공개한 그들이 올해는 또 무엇을 하려나. 해머를 들든 칼을 들든 나는 그들이 요구하는 여러 거짓 정보를 유포해 줄 생각이 전혀 없다. 그들이 원하는 대로 동성애는 너무나 아름다운 사랑이며 에이즈, 성병, 간염, 이질 등 각종 질병과는 아무런 관련이 없다고 말하는 거짓 언론과 거짓 선생들은 이미 이 땅에 넘치고 있기 때문이다.

우리의 무릎은 거짓과 죄 앞에 꿇으라고 만들어진 것이 아니다. 오로지 예수님의 은혜 앞에만 내 무릎을 꿇게 되기를 오늘도 소망할 뿐이다. 그러니 내 인생 앞에 모욕과 협박의 해머를 그렇게 계속 들고 서 있어 보라. 어차피 이 땅에서의 고난은 잠깐이다.

Q16.

차별금지법의 제정을 막기 위해
나는 어떤 노력을 해야 할까요?

동성애와 동성 결혼을 옹호하고 조장하는 성교육 및 포괄적 차별금지법처럼 반성경적인 교육과 법 제도를 막아 내려면, 부모인 제가 어떤 실천과 노력을 해야 할까요?

비성경적인 내용을 포함하고 있는 포괄적 차별금지법의 제정을 저지하는 활동을 일상생활에서 어떻게 실천하면 좋을지 물어오는 양육자들이 많습니다. 당장 시도해 볼 수 있는 몇 가지 간단한 방법을 알려 드리겠습니다.

첫째, '기도하기'입니다. 동성애자들이 주님께로 돌아오도록 기도하고, 그들의 영혼이 구원받도록 전도에 힘써야 합니다. 그리고 예수님이 다시 오실 때까지 동성 결혼을 옹호하는 차별금지법, 동성 간의 사실혼을 인정하는 생활동반자법 등 악법과 싸워 결국 이겨 내는 나라가 되도록 기도해야 합니다. 그러한 일에 남이 아닌 나 스스로가 헌신하고, 쓰임 받기를 청하며 기도하십시오. 하나님 나라의 일꾼으로서 쓰임 받을 더할 나위 없이 좋은 기회입니다. 이를 위해 자신을 정결케 하십시오. 세속적인 문화로 가득한 매스미디어, 유튜브, 소셜네트워크(이하 SNS) 등의 사용을 스스로 절제하며 경건하게 생활하십시오. 정결한 군사가 되어야 영적 전쟁에서 승리할 수 있습니다.

기도하기

둘째, '댓글 쓰기로 여론을 형성하기'입니다. 바른 댓글은 많은 영혼을 깨웁니다. 사이버 광야에도 외치는 자의 소리가 울려 퍼져야 합니다. 댓글이야말로 외치는 자의 소리입니다.

동성애를 옹호하는 이들은 이미 댓글을 통해 동성애에 관한 잘못된 지식을 전파해 왔습니다.

"동성애는 선택이 아니라 타고나는 것이다."

"동성애는 윤리적인 잣대로 들이대서는 안 되는 인권의 영역이다."

"동물들도 동성애를 하므로 인간 역시 동성애를 해도 된다."

많은 사람을 잘못된 길로 인도하는 댓글들입니다.

댓글 달기

　우리는 바른 댓글, 진리를 알리는 댓글을 써야 할 것입니다.
미디어의 댓글 쓰기나 SNS 활동을 통해 여론을 형성하면, 입법
에 영향을 줄 수 있습니다. 우리가 악법을 직접 막아 낼 수 없다
면, 여론을 통해서라도 선한 진리의 유통량을 증가시켜야 할 것
입니다.

　셋째, 바른 정보를 전달하기 위해 '전화 걸기' 또는 '방문하기'
입니다. 이것은 사회를 계몽하여 깨우는 일입니다. 동성애 관련
이슈가 터질 때마다 적극적으로 항의 전화를 걸거나 항의 방문을
할 것을 권합니다. 많은 영혼을 옳은 길로 인도하는 심정으로 항
의하십시오.

　실제로 저는 필요할 때마다 국회, 시청, 여성가족부, 교육부 등
을 방문하여 의견서를 적극적으로 제출해 왔습니다. 정부 기관의
담당자를 만나 바른 정보를 제공하고, 의견서를 제출하고 싶어도
만남조차 이루어지지 않을 때가 있지만, 대부분은 만나서 직접

전달할 수 있었습니다. 반드시 의견을 제시해야 할 곳이 있다면, 용기를 내어 항의 전화를 걸거나 직접 방문해 보십시오.

전화 걸기 또는 방문하기

넷째, '1인 시위'입니다. 저는 시청 앞, 방송국 앞, 헌법재판소 앞, 국회 앞 등 여러 곳에서 1인 시위를 펼쳐 왔습니다. 어떤 때는 아예 텐트를 치고 장기 시위를 벌이기도 했습니다. 단기간에 효과를 볼 수 있는 좋은 방법입니다. 1인 시위는 집회 신고 없이 누

1인 시위하기

구나 할 수 있는 합법적 행위입니다.

다섯째, '정보를 선물하기'입니다. 동성애의 문제점을 잘 설명하고 있는 온라인 사이트나 강의 영상의 링크 주소를 알려 주거나 관련 도서를 선물하는 것입니다. 특히 인터넷 사용이 쉽지 않은 지인에게는 관련 도서를 빌려 주거나 선물하는 편이 훨씬 더 좋습니다. 물론, 책 선물은 돈이 든다는 단점이 있지만, 말로 전했을 때는 잘 안 들던 사람들이 책을 읽으면 스스로 신빙성을 얻게 되니 확실한 방법이라고 할 수 있습니다.

이것이 바로 책의 힘입니다. 교인이 아닌 분들에게는 《덮으려는 자, 펼치려는 자》와 같이 종교 색 없이 동성애의 문제점을 알리는 책을 선물할 수 있고, 이미 교회에 다니고 있는 분들에게는 이 책 《오직 너 하나님의 사람아》를 선물해 주는 것이 좋습니다.

여섯째, '광고하기'입니다. 신문의 전면 광고나 전광판 광고 등을 통해서 동성애의 문제점을 널리 알릴 수 있습니다. 저는 서울시청 광장이나 대구 동성로의 전광판에 광고를 내 본 적이 있는데, 효과가 매우 좋았습니다.

일곱째, '물질로 후원하기'입니다. 우리나라 질병관리본부나 에이즈 예방 및 퇴치 운동을 하는 대부분의 단체는 동성애와 에이즈의 관련성을 속 시원히 털어놓지 않습니다. 그런데 서울특별시 질병관리청 산하 한국가족보건협회는 동성애와 에이즈의 관련성에 관한 각종 자료를 꾸준히 제공하고 강사를 양성하여 공적인 영역에 파송하는 일을 해 오고 있습니다. 이러한 단체가 국가 예산

없이 돌아가고 있다는 사실이 참으로 마음 아픕니다. 관련 단체를 물질적으로 후원하는 것은 매우 필요한 일입니다.

마지막으로 여덟째, '적극적으로 사회 참여에 나서기'입니다. 자신의 위치에서 자신의 직업으로 할 수 있는 일을 하십시오. 교사로서, 언론인으로서, 직장인으로서, 국회의원으로서, 장관으로서, 차관으로서, 대통령으로서, 공무원으로서 어미와 아비가 할 수 있는 일을 하십시오. 많은 영혼을 옳은 길로 인도하는 일이니만큼 적극적으로 나서야 합니다. 악법을 막아서는 국회의원, 선한 법을 만드는 입법자, 선한 마음으로 공정하게 재판하는 판사가 되십시오. 각자 자기 자리에서 빛과 소금의 역할을 감당하면, 많은 세대가 구원받고 주님께로 돌아올 수 있습니다.

다음 세대가 말씀으로 잘 양육되어 교회를 떠나지 않고, 오히려 교회를 부흥시키고, 선교사를 보내고, 선교사가 되고, 선교사를 후원하여 마침내 복음을 듣지 못한 민족이 없을 만큼 뻗어 나가는 생명력 있는 영성과 교세를 가진 나라와 교회가 되도록 끝까지 함께 달려가는 우리가 되기를 주님의 이름으로 축복합니다.

많은 영혼을 옳은 길로
인도하는 심정으로 선한 진리의
유통량을 증가시켜야 한다.

　우리는 우리나라가 주님이 가장 기뻐하시는 나라로 기록되도록 믿음의 선한 싸움을 하여 다음 세대를 악법으로부터 끝내 지켜내야 합니다. 악법이 통과된 다음에는 땅을 치고 후회해도 소용이 없습니다. 그때 싸울 힘으로 지금 싸운다면, 훨씬 더 효과적일 뿐만 아니라 많은 영혼에 선한 영향력을 끼칠 수 있습니다.

　아가페 사랑이 무엇입니까? 한 사람의 영혼을 구하기 위해 내 모든 것을 헌신하는 것입니다. 이것은 하나님이 친히 채택하신 사랑 방식입니다. 그리스도께서는 이 땅의 생명들을 사랑하시어 성육신하여 우리 대신 죄를 짊어지고 십자가에 달려 죽으시고 부활하셨을 뿐만 아니라 우리를 제자로 삼아 성령과 동행하게 하셨습니다. 이처럼 끝까지 책임지시는 하나님의 마음이 바로 아가페 사랑입니다. 우리가 아가페 사랑으로 이웃을 사랑한다면 그들을 악법으로부터 보호하고, 하나님을 믿는 선한 마음 밭을 일구도록 환경을 만들어 주며 복음을 전하여 도전하고 제자로 삼을 수 있도록 힘써야 할 것입니다.

동성애는 결국 인권 문제가 아닌 죄의 하나일 뿐입니다. 죄를 죄라고 말함으로써 호모포비아나 동성애 혐오자로 몰려 온갖 핍박을 받을 수도 있습니다. 그렇다고 해서 이것을 인권이라고 말해서는 안 됩니다. 물론 누구라도 동성애라는 죄악에 노출될 수 있습니다. 만약에 죄를 범했다면 회개해야 합니다. 우리는 차별금지법 반대 운동이 곧 믿음의 선한 싸움임을 기억해야 합니다.

사람들이 제게 묻곤 합니다.

"언제까지 싸워야 하나요? 언제까지 차별금지법을 막아야 하나요? 언제쯤 이 땅에 악법이 발의되지 않는 태평성대가 이루어질까요?"

주님이 다시 오시기 전까지는 이 땅에서 진정한 태평성대란 없

습니다. 사탄은 한 영혼이라도 더 지옥으로 끌고 가기 위해 오늘
도 부단히 노력하고 있습니다. 악은 성실합니다. 악은 스스로 존
재할 수 없기에 '성실, 근면, 집중'이라는 선한 성품을 악용합니
다. 우리는 날이 갈수록 어두워져만 가는 세상을 보게 될 것입니
다. 우리는 그 어두움 속에서 한 영혼이라도 구하기 위해서 성실
하고 근면하며 집중하여 빛과 소금의 역할을 감당해야 하는 것입
니다.

　믿음의 선한 싸움을 우리가 언제까지 싸워야 하는지 성경이 말
합니다.

　　오직 너 하나님의 사람아 이것들을 피하고 의와 경건과 믿음과 사랑과 인
　　내와 온유를 따르며 믿음의 선한 싸움을 싸우라 영생을 취하라 이를 위하
　　여 네가 부르심을 받았고 많은 증인 앞에서 선한 증언을 하였도다 만물을

살게 하신 하나님 앞과 본디오 빌라도를 향하여 선한 증언을 하신 그리스도 예수 앞에서 내가 너를 명하노니 우리 주 예수 그리스도께서 나타나실 때까지 흠도 없고 책망 받을 것도 없이 이 명령을 지키라 딤전 6:11-14.

그렇습니다. 예수님이 다시 오실 때까지 사탄과 우리의 영적 전쟁은 계속될 것입니다. 그 전쟁은 마침내 예수님의 승리로 끝날 것입니다. 고로 실망하거나 낙담하지 말고, 땅을 치며 후회할 일을 만들지 말고, 마지막 때까지 빛과 소금의 역할을 감당하며 하나님의 말씀에 끝까지 순종하는 큰 성도요 나라였다는 칭찬을 받는 민족이 되기를 소망합니다.

주

들어가며
1) 마이클 고힌, 크레이그 바르톨로뮤 공저, 윤종석 역, 《세계관은 이야기다》
(IVP, 2011).

Q1
1) 국가법령정보센터, "서울특별시학생인권조례" https://www.law.go.kr/자치
법규/서울특별시학생인권조례

Q2
1) 국립국어원 표준국어대사전. https://stdict.korean.go.kr/search/searchView.
do?word_no=90178&searchKeywordTo=3
2) 미래한국, "'동성애'와 '동성 간 성행위'는 다르다" 2017년 7월 5일. http://
www.futurekorea.co.kr/news/articleView.html?idxno=41625
3) R. C. 스프라울 저, 길성남 역, 《성경을 아는 지식》(좋은씨앗, 2018).
4) Joseph P Allen 외, Adolescent Peer Relationship Qualities as Predictors of
Long-Term Romantic Life Satisfaction, Child Dev. 2020 Jan;91(1): p327-
340. https://pubmed.ncbi.nlm.nih.gov/30675714/
5) W. Andrew Collins et al., Adolescent Romantic Relationships, Annual Review
of Psychology, February 2009, Vol. 60, p631-652 file:///C:/Users/igyeo/
Downloads/ANRV364-PS60-25001-022.pdf
6) Monroe, Scott M. et al., Life events and depression in adolescence: Relationship
loss as a prospective risk factor for first onset of major depressive disorder,
Journal of Abnormal Psychology, 108(4), p606 - 614. https://psycnet.apa.org/
doiLanding?doi=10.1037%2F0021-843X.108.4.606

Q6
1) National Health Statistics Reports(Number 77, July 14, 2014), by Brian W. Ward,
Ph. D etc. "Sexual Orientation and Health Among U.S. Adults: National
Health Interview Survey, 2013" https://www.cdc.gov/nchs/data/nhsr/
nhsr077.pdf

Q7

1) Hamer D. H., Hu S., Magnuson V. L., Hu N., Pattatucci A. M.. "A linkage between DNA markers on the X chromosome and male sexual orientation" *Science*. 1993 Jul 16;261(5119):321-327 http://science.sciencemag.org/content/261/5119/321.long

2) Ibid.

3) Rice G., Anderson C., Risch N., Ebers G.. Male homosexuality: absence of linkage to microsatellite markers at Xq28. *Science*. 1999 Apr 23;284(5414):665-667. http://science.sciencemag.org/content/284/5414/665/tab-pdf

4) 길원평 외, 〈동성애의 선천성을 옹호하는 최근 주장들에 대한 반박〉(신앙과 학문. 2017), Vol.22,. no.3, 통권 72호, p7-29. https://www.kci.go.kr/kciportal/ci/sereArticleSearch/ciSereArtiView.kci?sereArticleSearchBean.artiId=ART002268355

5) 국민일보, "젠더 이데올로기 실체를 말한다: 동성애 유발 유전자를 발견했다던 과학자, 12년 뒤 연구결과 번복", 2019년 10월 22일. https://news.v.daum.net/v/20191022000707541

6) LeVay S., "A difference in hypothalamic structure between heterosexual and homosexual men. Science". 1991 Aug 30; 253(5023):p1034-7. https://pubmed.ncbi.nlm.nih.gov/1887219/

7) Paul Cameron, Thomas Landess and Kirk Cameron, Homosexual sex as harmful as drug abuse, prostitution or smoking. 2005 Jun;96(3 Pt 2): p915-61. https://pubmed.ncbi.nlm.nih.gov/16173359/

8) 길원평 외, 〈동성애의 선천성을 옹호하는 최근 주장들에 대한 반박〉(신앙과 학문. 2017), Vol.22,. no.3, 통권 72호, p7-29. https://www.kci.go.kr/kciportal/ci/sereArticleSearch/ciSereArtiView.kci?sereArticleSearchBean.artiId=ART002268355

9) Laumann E. O., Gagnon J. H., Michael RT and Michaels S, The Social Organization of Sexuality: Sexual Practices in the United State, Chicago: University of Chicago Press, 1994.

10) Frisch, M and A. Hviid, Childhood family correlates of heterosexual and homosexual marriages: a national cohort study of two million Danes, Archives of Sexual Behavior, 2006, 35(5), 533-47. https://pubmed.ncbi.nlm.nih.gov/17039403/

11) Kendler, K. S., L. M. Thornton, S. E. Gilman, and R. C. Kessler (2000). Sexual

orientation in a US national sample of twin and non-twin sibling pairs.
American Journal of Psychiatry, 2000, 157(11), 1843-6. https://pubmed.
ncbi.nlm.nih.gov/11058483/

12) Bailey, J. M., M. P. Dunne, and N. G. Martin, Genetic and Environmental
influences on sexual orientation and its correlates in an Australian twin sample,
Journal of Personality and Social Psychology, 2000,78(3), 524-36. https://
psycnet.apa.org/record/2000-07236-009 & Jone, S. L. and M. A. Yarhouse,
Homosexuality: The use of Scientific Research in the church's Moral Debate,
Downers Grove: InterVarsity Press, 2000.

13) 뉴스윈 "탈동성애자 박진권 씨 '돌아갈 수만 있다면 돌아가고 싶다'"
2016년 9월 2일. http://www.newswinkorea.com/news/article.html?no=659

Q9

1) 코리아헤럴드, "아델리펭귄의 충격적인 '성적 변태성' 밝혀져!", 2012년 6월
11일. http://www.koreaherald.com/view.php?ud=20120611001032

2) 스포츠조선라이프, "남극 100년 전 수첩 발견…아델리펭귄, 동성애에 시체
와 성행위까지'", 2014년 10월 22일. http://sports.chosun.com/news/ntype.ht
m?id=2014102301002696200016950&servicedate=20141022

3) Ibid.

4) Science Daily, "Same-sex Behavior Seen In Nearly All Animals,
Review Finds", 2009년 6월 17일. https://www.sciencedaily.com/
releases/2009/06/090616122106.htm

5) Bruce Bagemihl, Biological Exuberance: Animal Homosexuality and Natural
Diversity(NewYork, St. Martin's Press, 1999), p164.

6) Norris K. S., Dohl T. P. "Behavior of the Hawaiian spinner dolphin, Stenella
longirostris", Fishery Bulletin,7(4): p821-49, 1979.

Q10

1) 국가인권위원회 보도자료, 인권위 - 한국기자협회 '인권보도준칙' 제정,
2011년 9월 22일. https://www.humanrights.go.kr/site/program/board/
basicboard/view?currentpage=36&menuid=001004002001&pagesize=10&se
archselect=boarddesc&searchword=%EC%9E%A5%EC%95%A0&boardtypei
d=24&boardid=602461.

2) 국가법령정보센터, 감염병의 예방 및 관리에 관한 법률(약칭: 감염병예방법), [시

행 2023. 6. 29.] [법률 제19290호, 2023. 3. 28. 일부개정]. https://www.law.go.kr/LSW//
lsSc.do?section=&menuId=1&subMenuId=15&tabMenuId=81&eventGubun
=060101&query=%ED%9B%84%EC%B2%9C%EC%84%B1%EB%A9%B
4%EC%97%AD%EA%B2%B0%ED%95%8D%EC%A6%9D+%EC%98%8
8%EB%B0%A9%EB%B2%95#undefined

3) 질병관리청 국가건강정보포털, 건강정보-후천성면역결핍증후군. https://
health.kdca.go.kr/healthinfo/biz/health/gnrlzHealthInfo/gnrlzHealthInfo/
gnrlzHealthInfoView.do

4) 국민일보, "다자연애가 무슨 문제냐"… 인권위의 도덕 불감증, 2018년 3월
16일. http://news.kmib.co.kr/article/view.asp?arcid=0923917707

5) THE CHRISTIAN POST, Christian magistrate fired for sharing views on gay
adoption loses appeal, 2021년 2월 27일. https://www.christianpost.com/
news/christian-doctor-fired-over-views-on-gay-adoption-loses-appeal.
html

6) BBC News, Gay adoption row magistrate Richard Page loses appeal, 2021년
2월 26일. https://www.bbc.com/news/uk-england-kent-56212565

Q11

1) 이다슬 외, 〈기독 청년의 동성애 인식 실태조사〉(신앙과 학문, 2019), Vol.24, no.1,
통권 78호, p123-164. https://www.kci.go.kr/kciportal/ci/sereArticleSearch/
ciSereArtiView.kci?sereArticleSearchBean.artiId=ART002451553

2) CDC(미국 질병관리본부), "HIV Surveillance Supplemental Report", Vol.23, No.3,
2018년. https://www.cdc.gov/hiv/pdf/library/reports/surveillance/cdc-hiv-
surveillance-supplemental-report-vol-23-3.pdf

Q12

1) BBC NEWS, Uganda Anti-Homosexuality bill: Life in prison for saying you're
gay, 2023년 3월 22일. https://www.bbc.com/news/world-africa-65034343

2) The Prayer Herald, "대한민국은 차별금지법, 막아주세요!"…차별금지법 통
과된 네덜란드 · 뉴질랜드에서, 2022년 7월 10일. https://prayerherald.org/
2022/07/10/%EB%8C%80%ED%95%9C%EB%AF%BC%EA%B5%AD%
EC%9D%80-%EC%B0%A8%EB%B3%84%EA%B8%88%EC%A7%80%
EB%B2%95-%EB%A7%89%EC%95%84%EC%A3%BC%EC%84%B8%E-
C%9A%94-%EC%B0%A8%EB%B3%84%EA%B8%88%EC%A7%80/&

국민일보, 한국교회 향한 안드레아 윌리엄스의 절규, 2017년 2월 22일.
https://m.kmib.co.kr/view.asp?arcid=0011284711

3) 의안정보시스템 [2101116] 차별금지법안(장혜영 의원 등 10인). https://likms.
assembly.go.kr/bill/billDetail.do?billId=PRC_N2K0Y0Y6O2J9K1Y0N4I2J2X1D0Y0A5

4) California LEGISLATIVE INFORMATIOM, AB-329 Pupil instruction:
sexual health education. https://leginfo.legislature.ca.gov/faces/billNavClient.
xhtml?bill_id=201520160AB329

Q13

1) CaseNote, "대법원 2008. 5. 29. 선고 2008도2222 판결" https://casenote.kr/
대법원/2008도2222판결

2) CaseNote, "헌법재판소 2016. 7. 28. 선고 2012헌바258 결정" https://
casenote.kr/헌법재판소/2012헌바258

3) 국립국어원 표준국어대사전. https://stdict.korean.go.kr/search/searchView.
do?word_no=21827&searchKeywordTo=3

4) 국가법령정보센터, 군형법 [시행 2022. 7. 1.] [법률 제18465호, 2021. 9. 24. 타법개정].
https://www.law.go.kr/lsSc.do?section=&menuId=1&subMenuId=15&tabM
enuId=81&eventGubun=060101&query=%EA%B5%B0%ED%98%95%EB
%B2%95#undefined

5) 한국일보, "김조광수 감독이 말하는 '군형법 제92조6항' 폐지되어야 하
는 이유", 2017년 11월 9일. https://www.hankookilbo.com/News/
Read/201711091412761118

6) National Cancer Institute(미국 국립암연구소), "Cancer Stat Fact: Anal Cancer"
https://seer.cancer.gov/statfacts/html/anus.html

7) Ibid.

8) National Cancer Institute(미국 국립암연구소), "Anal Cancer Prevention –
Health Professional Version" https://www.cancer.gov/types/anal/hp/anal-
prevention-pdq/

9) Quinn G. P., Sanchez J. A., Sutton S. K., Vadaparampil S. T., Nguyen G.
T., Green B. L., Kanetsky P. A., Schabath M. B.. "Cancer and Lesbian,
Gay, Bisexual, Transgender/Transsexual, and Queer/ Questioning (LGBTQ)
Populations", CA Cancer J Clin. 2015 Sep; 65(5): p384–400.

10) CDC(미국 질병관리본부), "Gay and Bisexual Men's Health-Sexually Transmitted
Diseases" https://www.cdc.gov/msmhealth/std.htm

11) 서울대학교병원 의학정보, "세균성 이질- shigellosis" https://terms.naver.com/entry.nhn?docId=927017&cid=51007&categoryId=51007

12) Ibid.

13) Eurosurveillance, Cluster of shigellosis in men in Berlin in 2001, 2002, 6(33). https://www.eurosurveillance.org/content/10.2807/esw.06.33.01862-en

14) The New England Journal of Medicine, by Dritz S. K., Back A. F., "Shigella enteritis venereally transmitted" 1974; 291(22): p1194.

15) CDC(미국 질병관리본부), "Shigella sonnei Outbreak Among Men Who Have Sex with Men : San Francisco, California, 2000-2001", 2001년. https://www.cdc.gov/mmwr//preview/mmwrhtml/mm5042a3.htm

16) Robert Koch Institut, Häufung von Shigellose bei Männern in Berlin im Jahre 2001. Epidemiologisches Bulletin 2002(29): p243-7

17) Strauss B., Kurzac C., Embree G, Sevigny R, Paccagnella A, Fyfe M. Clusters of Shigella sonnei in men who have sex with men, British Columbia, 2001. Can Commun Dis Rep, 2001; 27(13): p109-10

18) O'Sullivan B., Delpech V., Pontivivo G., Karagiannis T., Marriott D., Harkness J., McAnulty J. M.. Shigellosis linked to sex venues, Australia. Emerg Infect Dis, 2002; 8(8): p862-4.

19) Eurosurveilance, "Cluster of shigellosis in men in Berlin in 2001", 2002년. http://www.eurosurveillance.org/ViewArticle.aspx?ArticleId=1862

20) CDC(미국 질병관리본부), "Elevated Risk for Antimicrobial Drug-Resistant Shigella Infection among Men Who Have Sex with Men, United States, 2011 – 2015", 2016, 22(9). https://wwwnc.cdc.gov/eid/article/22/9/16-0624_article

21) CDC(미국 질병관리본부), "Shigella Infections among Gay and Bisexual Men" https://www.cdc.gov/shigella/pdf/msm-factsheet-508.pdf

22) AHAN San Diego Alerts, "Shigellosis among Men in Southern California", 2017년. https://www.sdcms.org/Portals/18/Assets/pdf/germ/20170510_CAHAN.pdf?ver=2017-05-12-115601-390

23) CDC(미국 질병관리본부), "Shigella Infections among Gay and Bisexual Men" https://www.cdc.gov/shigella/pdf/msm-factsheet-508.pdf

24) WHO(세계보건기구), "Hepatitis A outbreaks mostly affecting men who have sex with men European Region and the Americas", 2017월 6월 7일. https://www.who.int/csr/don/07-june-2017-hepatitis-a/en/

25) CDC(미국 질병관리본부), "Viral hepatitis-Information for Gay and Bisexual Men", 2013년. https://www.cdc.gov/hepatitis/Populations/PDFs/HepGay-FactSheet.pdf

26) CDC(미국 질병관리본부), "Shigella Infections among Gay and Bisexual Men" https://www.cdc.gov/shigella/pdf/msm-factsheet-508.pdf

27) PHE(영국 공중보건국), "Hepatitis A outbreak in England under investigation", 2017년. https://www.gov.uk/government/uploads/system/uploads/attachment_data/file/613909/hpr1717_hepA.pdf

28) PHE(영국 공중보건국), "Hepatitis A among gay and bisexual men" https://www.gov.uk/government/news/hepatitis-a-among-gay-and-bisexual-men

29) CDC(미국 질병관리본부), "About HIV/AIDS - Where did HIV come from?" https://www.cdc.gov/hiv/basics/whatishiv.html

30) PHE(영국 공중보건국), "List of zoonotic diseases" https://www.gov.uk/government/publications/list-of-zoonotic-diseases/list-of-zoonotic-diseases

31) CDC(미국 질병관리본부), "First Report of AIDS", 2001년. https://www.cdc.gov/mmwr/preview/mmwrhtml/mm5021a1.htm

32) The New York times, "Rare cancer seen-in 41 homosexuals", 1981년 7월 3일. https://www.nytimes.com/1981/07/03/us/rare-cancer-seen-in-41-homosexuals.html

33) 위키백과, "뤼크 몽타니에" https://ko.wikipedia.org/wiki/뤼크_몽타니에

34) 질병관리본부, 〈국가 에이즈관리사업 평가 및 전략 개발〉, 2014년.

35) 보건복지부, 〈제3차 국민건강증진종합계획(2011-2015)〉, 2010년.

36) Ibid, p471

37) 보건복지부, 〈제4차 국민건강증진종합계획 2016-2020〉, p323, 2015년.

38) 보건복지부, 〈제4차 국민건강증진종합계획 2016-2020〉, p328, 2015년.

39) WHO(세계보건기구), "HIV/AIDS - Publications on HIV" https://www.who.int/hiv/pub/en/

40) U.S. Department of Health and Human Services, AIDS info, HIV/AIDS News, "CDC Leading New Efforts to Fight HIV Among Gay, Bisexual Men and Transgender People", 2015년 3월 31일. https://aidsinfo.nih.gov/news/1554/cdc-leading-new-efforts-tofight-hiv-among-gay—bisexual-men-and-transgender-people

41) CDC(미국 질병관리본부), "HIV Surveillance -Adolescents and Young

Adults", 2016년. https://www.cdc.gov/hiv/pdf/library/slidesets/cdc-hiv-surveillance-adolescents-young-adults-2016.pdf

42) 서울대학교병원 의료정보, "임균 감염증 - gonococcal infection" http://terms.naver.com/ entry.nhn?docId=926606&cid=51007&categoryId=51007

43) Weller I. V., "The gay bowel. Gut", 1985 Sep;26(9): p869-75 http://gut.bmj.com/content/26/9/869.full.pdf

44) American Family Physician, "Pharyngeal Gonorrhea Is Underdiagnosed in MSM", 2007 Jun 15;75(12):1860-1862. https://www.aafp.org/afp/2007/0615/p1860.html

45) CDC(미국 질병관리본부), "Sexually Transmitted Disease Surveillance : STDs 2015", 2016년. https://www.cdc.gov/std/stats15/std-surveillance-2015-print.pdf

46) Ibid, p27

47) PHE(영국 공중보건국), "Health Protection Report : Sexually transmitted infections and chlamydia screening in England, 2015", 2016년. https://www.gov.uk/government/uploads/system/uploads/attachment_data/file/559993/hpr2216_stis_CRRCTD4.pdf

48) Ibid, p7

49) Ibid, p6

50) U.S. Department of Health and Human Services, "Office on Women's Health, Q&A- Lesbian and Bisexual Health" https://www.womenshealth.gov/files/documents/fact-sheet-lesbian-bisexual-health.pdf

51) Ibid.

52) OneNewsNow, "CDC report: Homosexual lifestyle extremely violent", 2015년 12월 13일. http://www.onenewsnow.com/culture/2015/12/13/cdc-report-homosexual-lifestyle-extremely-violent?utm_source=OneNewsNow&utm_medium=email&utm_term=16782612&utm_content=96959887293784848&utm_campaign=22940

53) Whitehead N. E., Hutt L. "Homosexuality and Co-Morbidities: Research and Therapeutic Implication. Journal of Human Sexuality", Salt Lake City, Vol. 2, 2010, p 125-76. http://www.mygenes.co.nz/whiteheadcomorbid10_2.pdf

54) Ibid.

55) U.S. department of health and human services, "HIV/AIDS and Women who

have Sex with Women (WSW) in the United States", 1997년 4월 1일. https://
aidsinfo.nih.gov/news/360/hiv-aids-and-women-who-have-sex-with-
women--wsw--in-the-united-states

56) 한겨레, "벌써 14개국.. '동성결혼 합법화' 문명사적 흐름 탔나", 2013년
4월 24일. http://www.hani.co.kr/arti/international/international_
general/584441.html

57) 조선일보, "만델라 남아공 전 대통령 둘째 아들 에이즈로 사망", 2005년
1월 7일. http://m.chosun.com/svc/article.html?sname=news&contid=2005
010770003#Redyho

58) FaceAfrica, "South Africa Denies U.S. Anti-Gay Preacher Entry Visa", 2016년
9월 14일. https://face2faceafrica.com/article/south-africa-steven-anderson

59) The Heral(South Africa), "Lesbians in South Africa are at risk, say researchers",
2015년 6월 11일. http://www.pressreader.com/south/africa-the-herald-
south-africa/20150611/281689728434437/TextView/

60) Ibid.

61) MonateWaKasi We're Living, "Lesbians at HIV ris", 2015년 6월 11일.
https://1monatewakasi.wordpress/com/2015/06/11/lesbians-at-hiv-risk/

62) Avert, "HIV & women who have sex with women fact sheet", https://www.
avert.org/learn-share/hiv-fact-sheets/women-who-have-sex-with-women

63) CDC(미국 질병관리본부), "Likely Female-to-Female Sexual Transmission
of HIV — Texas, 2012", 2014년. https://www.cdc.gov/mmwr/preview/
mmwrhtml/mm6310a1.htm

64) CDC(미국 질병관리본부), "HIV/AIDS-HIV Among Women" https://www.cdc.
gov/hiv/group/gender/women/index.html

65) 질병관리본부, 〈2015 HIV/AIDS 신고 현황[안]〉, p6, 2016년. http://www.
cdc.go.kr/CDC/cms/content/mobile/33/70433_view.html

66) 한겨레, "여성 동성애 에이즈감염 첫 확인", 2004년 1월 7일. http://legacy.
www.hani.co.kr/section-005000000/2004/01/005000000200401071916399.html

Q14

1) Michele Paulse and Rosamund Elwin, Asha's Mums, 1990년. & Little Simon
외, and Tango makes three, 2015년. & Sarah Brannen, A uncle Bobby's
Wedding, 2021년.